Search

你們求，必要給你們；
你們找，就必找到；
你們敲，必要給你們開。

越有人性，越有神性

More Human More Divine

再探多重宇宙靈修

李碧圓修女　著

目錄

【前言】感謝

這本書的完成，實在要感謝很多人，他們在各方的的鼓勵、支持、合作和建議等。首先我要感謝輔仁大學宗教系的蔡怡佳教授，從寫書的開始，就給我許多專業上的指導，啟發我在書寫上的發展方向。再來是我的老友聖功會的李純娟修女熱心地為我做文稿上的潤飾，和某些詞彙的表達。其次就是輔仁聖博敏神學院胡國楨神父，他是我起初接觸信仰時一直替我解開疑難，並對我在多元神學上的開發常是開放和真誠的批判。還有多年前在神學生生活時代上有較多深刻的分享的陳德光，尤其是艾克哈的論題讓我佩服不已，如今他已是教授了。另外最近交流中有些共鳴的陳美琴副教授，她也慷慨惠予的推薦文。真感謝諸位學養兼備的專家好友給我許多的驅動和勉勵。

另外我的一些朋友，如中華基督神修小會的老友張瑞雲用心地花時間校對外文中譯及文句語法，以及老友陳筠的幕後默默衷心的支持，以及曾慧榕等提出意見。另外，我的年輕朋友宜慧的AI插畫和呂雯嵐的兩幅油畫等，都為這本書的呈現憑添許多色彩。

我修會裡國內外，有很多的姊妹們和我的老同學好友以及我曾經在旅途中相互陪伴的朋友們，都以不同的方式協助我、激勵我，使我能夠有耐心、恆心的突破桎梏，完稿付梓。此刻，我內心有著無限地感激，只能默默在祈禱中祝福每一位在這路上與我同行、相互琢磨的修會姊妹和舊雨新知們。在我的生命旅程中能遇見你們是有福的，是天主的恩賜，因著你們，我感受到生命的挑戰與活力。相信這本書也是我們在這些相遇的經驗中所共同結出的生命果實。寫下這本書，只是想拋磚引玉，祈願能引發更多人的探討與對話，為能促進我們對天主的無條件的愛有更深刻的體驗。

走筆至此，我也要特別感謝星火出版社的仲秋，因出書之事和她有幾次的討論交流，進一步了解出版社的特殊理念與核心價值，令我十分欣賞佩服，星火可以燎原，祈願每一個好的出版品都能引發出更多具有生命力的迴響。

碧圓2023/12

【推薦序一】

與宇宙同行的靈修

聖功修女會 李純娟修女

不再分門別類，不再支離破碎，不僅是科學，經濟、社會、心理、哲學等都已在跨領域中探究。我們所居住的是統整的地球村，面對的是多重浩瀚的宇宙。無論你知道不知道，或是承認不承認，這是千真萬確的事實。那麼追求修身養性，心性成長的靈修愛好者或作為施恩行善教化眾生的宗教人，能持續故步自封、停留在井底蛙或是鴕鳥的狀況中嗎？

記得約三十年前筆者為《見證》期刊[1]寫了一篇短文〈淺說新物理與靈修〉，試著給讀者提供一個新的思想典範，一種整合性的認知模式和其理論基點。文中簡述了相對論、量子論、不確定原則、整體原則，然後進入新物理與靈修。「相對論」迫使我們在信仰生活中不得不去正視「關係」和生命一體「萬殊一本，一本

1. 編按，該月刊自一九七〇年代至二〇一五年五月停刊，見證台灣天主教會與社會的對話交流。

萬殊」的靈修課題。「整體／一體」原則強調的是整體大於部分，如果要改善團體，只處理個人問題是無濟於事的，整個團體參與整個革新過程是必要的。新物理帶領我們進入一個變化難測的「量子糾纏」（參見專欄一，本書四十頁）、無邊際的宇宙，人與宇宙萬有同出一元，分享一共同的生命根源。

在投稿之前先請台灣至今仍備受尊敬懷念的神學家張春申神父看，頗了解民間「疾苦」的神長對筆者說，「修女，不要送了，因為沒有人看得懂。」可是，我沒聽話，還是送了。刊出後不久另一位頗具聲望的神學家金象逵神父，衝著李雅娟修女問：「妳是那位寫〈淺說新物理與靈修〉的修女嗎？我對那篇文章很有興趣。」弔詭本是宇宙萬物的原則之一！

看，三十年後終於有了李碧圓修女的《越有人性，越有神性》，〈淺說新物理與靈修〉竟然盡了拋磚引玉之責。三十年前的僅是「淺說」，今天的《越有人性，越有神性》則是「詳述」。但是讀者不用擔心，這本「詳述」絕不是枯燥、抽象純理論的論述。李碧圓修女《越有人性，越有神性》的內容、構思、文體、形式是不折不扣的多元、統整的創作。有個人的故事，有深入淺出的學理，有賞心悅目的畫作。全書的第一部分〈天：宇宙與創造〉，第二部分〈人：人生道上，與宇宙同行〉，第三部分〈地：生態靈修〉，第四部分〈對今日信仰生態共感的省思〉。

這些大標題第一個引起我的興趣與好奇的是第一部分，咦，怎麼不是宇宙「的」創造，而是宇宙「與」創造？第二部分，人生道上，不僅限於跟人擠來擠去，而是要與「宇宙同行」，多麼宏偉昇華！第三部分，我們再不關心照顧生態家園，她也無法照顧我們了，已經在發生了！第四部分，我們這些靈修愛好者和施恩行善教化眾生的宗教人的指南針！《越有人性，越有神性》可說是一本有血、有骨、有肉、有靈，深具啟發力，催迫人省思、激勵人起而行的著作。

【推薦序二】

試著度追尋導向的靈修生活

胡國楨神父

本書按一般的出版慣例來說，應該稱作《天地人共舞：基督徒談宇宙性靈修》① 這本書的「修訂再版」。為什麼？因為這是一本涉及最新科學理論的作品，雖然談的是基督徒靈修，但內容包括了最新的科學理論：大到宏觀的全息宇宙（Holographic Cosmos），小到微觀的量子物理，再將這些觀點應用到生命系統上。這些最新的科學理論，通常十年、二十年都會再刷新一次，所以談及這方面有關科學的書籍每十年、二十年、最多三十年，作者都會根據這方面科學的最新發展，做小幅度、或大幅度的修訂。我們看所有談科學與宗教之間關係的作品，幾乎都如此；這是作者負責任的表現。很高興，李碧圓修女也在該書出版發行十五年之後，也負責任地出了這本修訂再版的新作品。本人作為與李修女結緣幾乎近六十年的朋友，與有榮焉。

1. 《天地人共舞：基督徒談宇宙性靈修》，李碧圓著，光啟文化2007年出版。

其實，要真正讀懂本書，有沒有最新的科學知識並不是最重要。最重要的是你有沒有跟上梵蒂岡第二屆大公會議[2]之後基督靈修觀的「典範轉移」（paradigm shift）。若我們能從靜態的宇宙觀及生命觀的思維模式，移轉成為動態的宇宙觀及生命觀的思維模式；能夠放下善惡二元對立的思維模式，那麼本書所提倡的一體性靈修觀就不難懂了。這也是張春中神父生前大力提倡的中國基督徒一體性靈修的基調。

梵二之後，最先明確指出這種靈修思維典範轉移的是盧雲神父。他第一個提出：我們應把傳統上一直採用的「定所導向」（dwelling-oriented）靈修觀，改變成為「追尋導向」（**seeking-oriented**）靈修觀。

何謂「定所導向」靈修觀？這種靈修觀適用於一九六〇年代早期以前的美國，以及一九八〇年代解嚴以前的台灣。這個時代的社會安定，價值觀相對穩定；這種狀態下的靈修生活，相對是穩定的，且給人安全感，人們不需要自己去尋找，只需要參與、或遵守一些規定好了的秩序就可以了。所以，此時的教會或社會權威機構訂定下一套一套的規矩，讓我們照著做就好了。這是靜態宇宙觀及生命觀下的靈修觀。

可是，時代變了。一九六〇年代晚期以後的美國，以及一九八〇年代解嚴以後

2. 簡稱梵二。

的台灣，上述「定所導向」的靈修觀很難再適用了。這時的社會價值觀變得相對多元，世代交替的速度不斷加劇。這時，在現實生活中，在家庭、在社區團體、或在整個國家中的生活，都不可能是完美而安適的。這種狀態下的靈修生活，也不可能是安穩固定的，需要按照每個時刻自己所處的情境去追尋，在聖神引導下，好好思考自己與天主的關係，甚至會跟自己的靈魂討價還價，找到當下最適當的生活方式。這種靈修觀稱作「追尋導向」的靈修觀。這樣的靈修觀，特別重視活在當下。

其實，這種靈修不會把一些所謂的缺陷看得太嚴重，所以有人稱盧雲所提倡的是「正視瑕疵的靈修」（spirituality of imperfection）。人走向天主的靈修旅程總是前進三步，然後後退兩步，不過整體來說是進步的，不必太過分在意退步的那個時段，只要往前看就可以了。

除了盧雲之外，我們還願意在梵二之後、盧雲之前之後，推薦幾位靈修作家的作品供本書讀者參考。第一位是印度耶穌會會士安東尼．戴邁樂神父（Anthony deMello, SJ）；第二位是加拿大無玷聖母獻主會會士榮．羅海瑟神父（Ronald Rollheiser, OMI）；第三位是美國方濟會會士理查．羅爾神父（Richard Rohr, OFM）；第四位是美國耶穌會會士瑪竇．林恩神父（Mathew Linn, SJ）及他的靈修推廣團隊。他們各以不同的角度，幾乎談的都是同一方向的靈修觀：「放下對立，你就可真正遇到天主的奧祕」。這些作品都有中文譯本，值得一再重讀，並藉以試著度追尋導向的靈修生活。

【推薦序三】

萬物一體vs愛就是成為所愛

陳德光教授

李碧圓修女新書《越有人性，越有神性》，有機會預先拜讀，並予以推薦是我莫大的榮幸，本書有兩個內容特色。

一、在基督內多重宇宙共舞

「宇宙性基督」（cosmic Christ）是聖保祿《致哥羅森人書》的神學。「宇宙性基督」以基督觀宇宙：基督是不可見的天主的肖像，萬物的首生者（中心）；因此，基督具備萬物的圓滿，引導宇宙萬物與天主重歸和好①。

本書寫作特色以多重性宇宙（人性、生態、心理、身體），詮釋宇宙萬物在基督內，共振共舞的道理與靈修，相對於重視抽象理性思考的傳統神學，表達「萬物

1. 參見《哥羅森人書》一章15-20節。

一體」的浪漫精神，開展一種東方式「直指人心、見性成神」的自然神學。

二、越有人性、越有神性

從本書的書名，知道本書發揮的另一個主題特色：人性與神性之間，有美妙的會通，這種會通能有不同的解釋。中醫有「陰陽轉化」的道理（《黃帝內經》・素問），所謂「重陰必陽、重陽必陰」或「寒極生熱、熱極生寒」；人的身體能有從「由陽轉陰」，到「由陰轉陽」的變化。「陰陽轉化」的類比意義，如果變作靈性之學的解讀，就是：人性與神性的相入與互轉，即「人性轉神性」以及「神性轉人性」的道理。從人性的盡頭或極致，可以發現通往神性的動向；從神性的盡頭或極致，可以了解神性通往人性之路。

人性的盡頭變成對神性的飢渴，能以唐代浪漫詩人李白（701-762）名句表達：「俱懷逸興壯思飛，欲上青天攬明月。抽刀斷水水更流，舉杯消愁愁更愁。人生在世不稱意，明朝散髮弄扁舟」②。神性的極致變成對人性的俯就，可以說明「神愛世人」，就「降生成人」的道理。教父聖奧斯定（354-430）對天主大愛有深刻的體會，在其《若望壹書》講道集中有：「愛就是成為所愛」的主題（In epistolam Iohannis ad Parthos, 2, n. 14, Patrologia Latina 35 col. 1997）。

2. 〈宣州謝朓樓餞別校書叔雲〉。

最後，本書作者李碧圓修女有豐富的靈修與實務經驗，嚮往者眾。寫作本書，主題清新，層次分明，思想活潑，冀能獲得更多迴響，增加福音園地的異彩繽紛。是為序。

陳德光
二〇二三年秋於輔仁大學
輔仁大學天主教學術研究院研究員
輔仁大學宗教學系兼任教授／輔仁聖博敏神學院教授

【推薦序四】

用心去看見

陳美琴副教授

翻閱著這本書稿的時候，體會到作者經驗豐富，閱讀廣泛，使用不同取向和不同的學者來看待人在宇宙中的存在的經驗。從人性，大自然，從生理、心理、靈性，從左右腦，從生態等多重向度來看待這份不可或缺的神人關係。人是屬於天主的，不分宗教派別，也不分年齡。

我尤其喜歡作者強調：越有人性，越有神性more human more divine；因為人越具有人性，越成為一個人，就越能活出人的本質和珍貴性，也就是神聖性！人的潛力就是具有活出神性的本能，我想這是人活在人世間的修行！

同樣越具有神性，就越具有人性。在成為人的過程中，是需要透過種種不同的修為來達到人的神聖性，活出人的真實面貌。把基督的聖言化為具體、可觀察見證的行為上，也就是聖化人性；因為人是按造上帝的容貌所造的！人本來就帶有神聖因子及元素。

現代人很忙碌，但願透過本書，我們不會過於忙碌，讓雙眼被蒙蔽，看不清——盲；也不因為在忙碌中，迷失了方向——茫；更不要在繁忙中，讓心耗竭、心死——忙！

榮格曾經說：「往外看的人在做夢，而向內審視的人才是清醒的。」這份清醒正是覺察。我想這句話也算是提醒人，認清重要的是什麼，而不會在盲、茫、忙中迷失自己。

生命不只是工作和愛，我認為從靈性心理學的角度探究，人還需要「超越」，也就是靈性的操鍊！心理健康和生命意義應該是愛、工作和超越——to love，to work and to transcend。愛是神性的本質和彰顯，而工作或服事是答覆內在神性召喚的具體付出行為，過程中的障礙和挑戰正是生命須要超越的。人人都有責任要培育自己的靈性生命，因為那是人的根本和整合的重要因素。《小王子》的作者安東尼．聖修伯里（Antoine de Saint Exupery）說道：「真正重要的事情是眼睛看不見的，唯有用心看才看得見！」

每人的心中
都有一個美麗又神聖的我
要把美麗又神聖的我呼喚出來
當他出現時
我們就能活出生命的能量！

看著文稿，讓我想起一首印第安人簡單卻深邃的歌曲，充份表達了人對神的渴望、敬畏和驚嘆！

Oh great Spirit earth sun sky and sea
you are inside and all around me
偉大的神啊
天地海洋和陽光中
在我左右
也在我心內

人心是天主所造的，對天主有所渴望是自然的。「我的靈魂渴慕禰，就好像母鹿渴慕溪水。」（《聖詠》42篇2節）耶穌說：「我賜給他的水，將在他內成為湧到永生的水泉。」[1]天主早就把這份渴望澆灌在我們心中了！等待著人去探索、去尋找！

本書正是希望以不同的向度探尋天主，人越有人性，越有神性；越有神性，就越有人性！兩者相互不抵觸，更是相輔相成！讓我們恢復與神的真誠關係，活出更整全的生命！

陳美琴副教授
輔仁大學醫學院臨床心理學系
聖博敏神學院

1.《若望福音》四章14節。

【推薦序五】

遇見

蔡怡佳（輔仁大學宗教學系教授）

台灣人對於天主教比較深刻的印象大概都是來自於國外的傳教士，那些離開故鄉，以教育、醫療、社會福利等方式分享信仰，將台灣當成第二故鄉的修女與神父們。在這些傳教士身上我們看見了信仰與文化的交會，他們所分享的信仰價值吸引了一些年輕人，甚至和他們一樣，在天主教信仰的召喚中，踏上了修道生活。五十年前，來自於非基督宗教家庭，加入瑪利亞方濟各傳教女修會的李碧圓修女，也是其中一位台灣的年輕人。

五十年來，在天主教信仰生活的培育中，以及國際修會的工作經驗中，和來自不同文化的傳教士一樣，李碧圓修女經驗著文化與信仰的交會與對話的歷程。天主教信仰所追求的普世價值能為當代文化帶來什麼反思？如何與非基督徒分享天主教的信仰？天主教信仰與當代科學（物理學、心理學等）如何對話？在李碧圓修女的這本書中，我們可以看到她如何把這些關切放在心中，以她多年來在修道生活中的體悟、對時代徵兆的敏銳，以及具備多重面向的整體視野，希望和所有人——無論是基督徒還是非基督徒、尤其是追尋靈性生命的人，分享她深刻的省思。

「天、地、人」是我們的文化中表達對於宇宙整體之理解最具體的意象，李碧圓修女以這三層迴旋帶領讀者進行靈修的反思，並以跨越東西方文化，以及跨學科的洞見為這些相互關聯的層次賦予了豐富的意涵。人類文明在經歷科學除魅後精神上所經歷的破碎與虛無，以及過度以人類自我為中心所帶來的失衡與生態問題，是追求靈性生命的修道人無法忽視的當代危機。李碧圓修女在書中引述了許多積極回應這些危機的作者的洞見，閱讀這些話語時猶如參與了智慧的饗宴，可以獲得智性的啟發、靈性的洗滌，以及行動的激勵。除了兼具理性與感性的文字，書中還以豐富的圖像為這一趟靈修的旅程呈現了詩意的表達。這些圖像以及專欄中的資料可以作為祈禱冥思時的材料；因此，書中的話語與圖像並不只是表達靈修的見解，而是可以作為靈修生活的同伴。

台灣的天主教會因為傳教士帶來西方基督宗教的種子，為台灣多元的宗教文化土壤增添了寶貴的精神資糧。李碧圓修女的《越有人性，越有神性》可以視為這個寶貴資糧的傳承之作。台灣的天主教會不只在教育、醫療或是社會福利等具體行動上實踐天主之愛，更可以在精神與靈修的層次提出深刻的洞見，回應當代社會的靈性危機。李碧圓修女的傳承有許多的根源，有家人的護持與愛、有東方文化的根底、有天主教信仰的靈修傳統與當代神學反思、有科學知識的啟發，也有對其他宗教文化的開放與共鳴。書中以「宇宙性藝術生態靈修」來表述其傳承的深廣，非常適切。如果你和當年的李碧圓修女一樣，希望「遇見神」，希望踏上能夠回應生命終極價值的靈性旅程，這絕對是你不能錯過的一本好書。

圖一　樹下

【作者自序】

鄉愁與聖召

Nostalgia and Vocation

我不是出自一個有確定宗教背景的家庭，小時家住在天主教教堂附近，常有機會看到一些學華語的神父和修女們，因為華語學院就在住家附近。從小時候就很喜愛看和收集各種美麗的卡片和聖像，因此喜愛接近神父和修女，大概就是為收集由神父或修女所給的聖像和卡片吧！記得小學時，有位德籍神父來家裡傳教並講道，後來父母並沒有領洗，筆者的姊姊在高中時領了天主教的洗禮，我小時喜愛跟著姊姊去教堂，直到高三畢業後，在一個偶然的機會裡，自己才看到高一時的日記裡有這麼一段話：「主啊！祢若真的存在，讓我認識祢。」

其實那晚是為了要決定選擇讀理組或文組，而跟三姊吵了一架，因為她認為理科較有出路，讀文科會窮困、不易找到工作……等。我們家一共有九姊妹，我是排行老八，小時曾聽媽說，家人期望我是個將來能照顧家的，當時社會仍是重男輕女的，親戚們都說女孩都要結婚當個好家庭主婦就好，不需要念太多書，但是我父母卻盡力讓我讀完大學。其他姊姊們都只讀完高中就得工作了（雖然後來有些姊姊們在工作後上了大學）。由於孩子多，只靠父親教書微薄的薪水，使得家裡的經濟一直是吃緊的。姊姊希望我能讀理科，為了好找工作，多為父母著想……等。記得有位姊姊考上大學，她已帶著學費到火車站了，仍被母親勸回而沒去念。

我當時考上了靜宜的數學系，但在讀數學系時，內心一直有一個很深的渴望，當時並不知道那渴望是甚麼，只知喜歡去找神父或修女聽道理，尤其是聽了雷煥章神父的道理，內在就有一種召喚，好似遇見了愛一樣，充滿喜樂和興奮，恨不得馬上放下一切去跟隨祂；但知道父母和家人的反對，因此畢業後，找個離家較遠的明道中學教了兩年的數學，這樣我可稍稍自由在周末或假日去修院。

記得有個假日，我沒回家，父親去學校找我，沒找到，但從校長和我的好朋友（也是同事）處得知我去了修院；隔天下午，媽媽和妹妹來修院找我回去。媽當場哭得很厲害，希望我回家，我啞口無言，只能跟著哭。我沒立即跟她們回家。次日早晨，爸爸和姊夫來找我，那天院長和副導師因為知道我前一晚已哭得很厲害，擔心我太累，所以沒叫我出來見父親，等父親走後，院長才告訴我父親來過。她們當時的對話大概是父親說：「家裡仍需要我多做幾年工作……等等。」但當時的副院長個性較直爽，就說：「你要你女兒的錢或是你女兒的命？」這句話真是刺傷了我爸爸，他不再說一句話就離去了。

事後，院長和副院長修女有告訴我，可能她說了不恰當的話，得罪了我爸爸……。我當時其實還沒入修會，後來回家後，父親完全沉默好幾天，母親說父親很難過，因為原本他對神父修女們的印象是很好的，也算是很尊敬的。隔天我試著和父親說話並解釋，外國人和我們的觀念是不一樣的：西方人認為，小孩長大成人後就得離開父母獨立的，很少有期待或需要孩子照顧父母或回報的觀念，何況這位講話的修女是很直率的人，也實在不懂我們的文化。媽說，她的話確傷了父親身為老師及為人父的尊嚴。聽媽說，父親一直是很疼愛我的，也可能多多少少對我有如一個兒子般的期待吧！

所以在我的聖召路上，我深深覺得，父母和姊妹們實在都為我做了很大的犧牲和奉獻。入會之初，每每憶起父母的辛苦，我就會淚流滿面。當時的導師對我說，你若還常哭，就回家去吧！但真不知道，為什麼我沒回家？記得當時常有一個圖像常常浮現，我好像把自己拋入一個浩瀚的大海中，任由天主帶我去祂要我去的地方，不是出自我理智的選擇。後來，在很多事上，我真的經驗到是天主自己來找我的（the God who comes），是祂在我身上作工的。

如今，憶起我的聖召之途，心中充滿感恩，天主賜給我恩寵、認識這位無條件愛人的天主，因而受洗成為天主教徒。我很感激生我、養我並教育我的父母，和我所有的姊妹們。家人們雖不盡是天主教徒，但我覺得他們所活出的價值觀和真正的基督徒是很相近的，也是我成為基督徒的人性基礎。我也很感激我的修會團體姊妹們、好同學們、恩師、朋友們，和我教過的學生們，因著他們，使我得以恆心持守聖召，他們都在我修道生命歷程中，曾以某種方式陪伴過我、支持我、愛護我，甚至挑戰我。我經驗到他們對我的真誠和愛，尤其是我的父母姊妹們，為了使我能好好專心走這修道奉獻之路，默默的做很多犧牲。我內心深感慚愧，承受這麼多的恩惠卻無以為報。

記得初入修會時，起初因家人不理解而無法接受，他們以為我當了修女就是要放棄父母、家人；但我內心告訴天主，但願我的奉獻不是為我自己，而更是為我的家人，和所有愛護我的朋友們，希望他們會因我的小小祈禱奉獻，而得到天主的祝福！

如今我的家人不但很接受我，更在各方面扶持我。父母晚年時，知道我常為修會之事忙碌，卻從沒要求我陪伴他們，每次我匆匆回家一下，媽會說，妳忙就快回去吧！即便她內心很渴望我在家多陪她一會兒，仍默默的接受了我無法在他們晚年時所想望的陪伴和扶持。只有一次，她說你可否陪我睡一晚？當時我好像也沒立即答覆，如今想起來，我真覺得我太忽略她的渴望和感受了。幸虧我的姊妹們都十分孝順，很慷慨的分擔了我的那一份。還有一次，媽告訴我，凡事不要急，也不要對修女們太嚴厲，大概是她觀察到我在家有時和其他修女的對話吧！還記得我有個從澳門想來入會的朋友，一時沒地方住，她就替我收留了她，待她有如自己的女兒般。總之，我修院有任何急需，爸媽和姊妹們都盡力幫忙，好似他們也參與了我的奉獻生活。其實越深入修道靈修生活，也更明白父母的生命和他們的教育生活理念，尤其父親對大自然的深愛，他很早就愛種植各種花樹，靜觀一棵樹或盆栽數個小時不厭倦。我當時完全不瞭解他，如今我深愛宇宙生態靈修，是他播下的種子吧！

我的家人和朋友們幾乎都不是基督徒，也幾乎沒有因為我而進入教會團體或修會團體的（雖有幾個由我引入修會的）。我覺得我大部分的家人、朋友或學生，似乎都很難融入我的教會團體，甚至對教會沒什興趣。為什麼呢？我很少或幾乎從來沒主動邀請他們進入我的教會團體，因為我覺得有種格格不入的感覺，不想勉強人來。即便我曾邀請他們來參加一些重要禮節，但她們實在覺得只是基於我的關係來參加，仍有種隔閡，跟她們實際的生活相距很遠。有時我覺得好似處在兩種世界，一是我的家人朋友們，一是我的修會教會圈。最近我突然覺得，為什麼我有這麼多好朋友，包括家人，但都不在我的教會團體內？這大概是我內心深處對我自己和天主最深的問號吧！雖然我似乎一直在找或努力做教會和外在非教會的世界間的關係或連結的橋樑。

我二十歲領了洗，二十五歲就進入修院，在修道聖召將近五十年跌跌撞撞的修練過程裡，從知性的學習、到感性的挫折，與靈性的追求，這一路上，總是有些不滿足和矛盾。甚麼是神的經驗？如何遇到神？說實話，我發現當我越徹底體驗到自己的軟弱且沒出口時，才開始洞悉天主的奧妙真是遠非我所能想像的。所以很久以來，對德日進的這句話：「當我們的心靈在天主內受到損折的痛苦時，才會開始認識天主。」很有同靈同感。在自己修道生活的歷程中，我很喜愛朝拜聖體，越來越體會，天主總是以無限的愛呈現在完全空虛自我的聖體內，這是理性上實在無法了解的奇事，只感受彷彿是黑暗中幽遠的微光。我深深體會信德是黑暗中的光明，也是光明中的黑暗。光愈明亮。在信德的黑夜中，黑暗的本身變成光明。就像星星在黑暗的夜空閃爍發光，在白日的光明中失色；同樣，處於過分知性的世界，也越難看到天主。我深深體會天主的無條件愛讓自己超越了我理性與感性的矛盾。

此外，在這五十多年信仰的旅程中，雖然我十分努力想深入和天主的關係，但我的理性和感性之間似乎總有個鴻溝。隨著年齡的增長，經過了神學、心理學以及各種靈修生活的培育，和自我認識和使徒生活的種種經驗，我深深體會，當自己越深入在天主教會的靈修裡，也越覺能接受其他宗教也有某些的真理。有時只是表達的言語不同而已。我在與神／天主溝通的經驗裡，最常見的困難是感受不到神，好似神不存在，而祈禱好像是自言自語、有口無心的獨白；到底是神／天主不「在」，或是我不「在」？自己的祈禱是在幻想嗎？印度聖雄甘地曾對他的朋友說：「天主此刻在這裡，比你我此刻在這房間裡更真實。」提醒了我，是我的心不在，而不是天主不在。天主是無所不在的，是我不容易活在當下，因為我的頭腦會天馬行空跑得很遠，我的心會掛慮很多事，我的身體也不全聽我使喚。我越來越體會，其實，無形無像，肉眼看不見的天主，只能憑信德進入經驗的層次來領悟相會。相信是一切，否則看不見。我們生活中有太多時候，人在心不在；換言之，就是沒有覺醒的生活，或者沒有真正的生活。耶穌說：「你的財寶在那裡，你的心也必在那裡。」（《瑪竇福音》六章21節）所以我祈禱，簡單來說，就是心之所至。但理性的了解似乎也不易進入心靈，在念神學時就常有恨不得能吞下這些美好的理論或思想，化成為我的血肉，乃至於心靈。但覺得真不容易，原來從頭腦走到心靈的路是這麼的難啊！

我們的靈修事實上就是一個回家的歷程。

老子《道德經・廿五章》
有物混成先天地生：
有物混成，先天地生。
寂兮寥兮，獨立而不改，周行而不殆，可以為天下母。
吾不知其名，字之曰道。
強為之名，曰大。大曰逝，逝曰遠，遠曰反。
故道大，天大，地大，王亦大。域中有四大，而王居其一焉。
人法地，地法天，天法道，道法自然。

其實這個道、大、存有或「零點」，就是我們真正的家。我們一直是在回家的旅途中，回到我們之所是，回到我們生命之根源，才會心安。所以我的鄉愁之旅也就是我在成為真正天主召叫我、要我成為祂要的我之路途吧！

我寫本書，一方面是繼續我前一本書《天地人共舞》的思路：就是探討左右腦、理性感性的相互關係、意識和潛意識，甚至宇宙性生態藝術靈修，並及於今日科技所涉及的量子領域等。因為我深覺天主是宇宙大自然萬物的主和創造者，宇宙萬物是息息相關環環相扣的，而我們人類參與這大宇宙網絡編織的一環，也是參與了宇宙的進化過程，其實這就是宇宙基督。我嘗試從直線式的思考模式，走向螺旋式的、整體式甚至是超越時空的思想方式，另一方面是從不同的向度，來探討我們當今自然生態復原力的課題，和教會需要給世界什麼樣的福音園地？也可以說是繼續探討東西整合的宇宙生態靈修性之可能。簡單說來，天地人一直是在聖神／靈內的共同舞蹈中的進行曲吧！

本書用很多圖表達，因為宇宙生態靈修是和靈修或能量有關的，所謂「量子力學」基本上探究的是有關是「能量」的本質及其運行的模式等相關課題。圖和其色彩是能量的重要表達。圖的表達和文字是不完全一樣的，文字是透過文字言語而進入思考，是直線型的表達；圖的表達是給人進入直覺整體感的、螺旋式的、有厚度、寬度和廣度同時呈現的，而藝術常是天人交會的場域的。我既然講整合性生態靈修，圖就不只是插圖而已，還是一個重要的解說幅度和表達，為很多人——尤其是較右腦型的人——看圖的領悟比文字快的。

AI的發展如今似乎已到了無法控制的地步，超越我們生活的四維時空，不受四維時空的約束的「量子糾纏理論」也獲得諾貝爾獎的肯定等等，這一切高科技的快速演變令我們有跟不上的感覺，在我寫成書和出書之間就會有差異了，世界的演變已超乎我們的想像。據美國劍橋辭典（Cambridge Dictionary）的宣布，二〇二三年的代表字是「Hallucinate 產生幻覺」，可見AI已改變我們今天的世界了，我們將生活在怎樣的世界呢？

寫到此，越來越覺得神大而無外，小而無內，我所要表達的一切既不是東方、也不是西方的思維了，而是跨越東西南北，跳躍在虛擬與實體，融合人性和神性等多重宇宙，並在無限聆聽體驗的動態靈修觀，是在宇宙性基督內的天地人共舞。

圖二　多重宇宙中天地人共舞

◆專欄一◆

量子糾纏簡釋

一九八二年，在巴黎光學研究所，法國物理學家阿蘭．阿斯佩（Alain Aspect）和他的小組成功地完成了一項實驗，證實了微觀粒子之間存在著一種叫作「量子糾纏」（quantum entanglement）的關係。

當時還是博士生的阿斯佩，借助雷射的強信號源，一對對光子從鈣原子中衝向偏振器。長達二十四小時之後，證明愛因斯坦錯了，而波耳是正確的。在量子力學中，有共同來源的兩個微觀粒子（即成對或成組）之間存在著某種糾纏關係，不管它們被分開多遠，都一直保持著糾纏的關係，對一個粒子擾動，另一個粒子（不管相距多遠）立即就知道了。

諾貝爾物理學獎在二〇二二年頒給包括阿斯佩、美籍約翰．克勞澤（John F. Clauser，美籍）、奧地利的安東．塞林格（Anton Zeilinger），推崇他們在實驗中證明量子糾纏。當時的報導指出，量子糾纏有很廣泛的運用，例如，在同一配對系統內，使用手機通訊，便可防止偷聽，**即便有辦法成功跟這兩部手機配對，也會**

被發現。後來二〇二三年，愛爾蘭和波蘭學者發現，人的心臟和腦也有「量子糾纏」現象。雖然目前這些成果還沒有辦法推論：人的意識是出於量子糾纏，或許，有朝一日科學家可以更精確說明，大腦是如何控制人的身體。

量子糾纏超越了我們人生活的四維時空，不受四維時空的約束，是非局域的（nonlocal）。量子非局域性表明物體具有整體性。如果你對任何一個粒子擾動（假設粒子甲），那麼瞬間粒子乙就能知道，就有相應的反應。這種反應是暫態的，超越了四維時空，不需要等很久信號傳遞到那邊。這邊一動，那邊不管有多遙遠，立即就知道了，即一個地方發生的事情立即影響到很遠的地方。這說明，看起來互不相干的、相距遙遠的粒子甲和乙存在著不可見的聯繫。這與我們人的意識作用非常相似！

量子糾纏的存在是微觀粒子具有意識的證據，給「意識是物質的一個基本特性」提供了良好的證據，其意義非同尋常。如果認識到意識是物質的一個根本特性，那麼就不難理解人們發現的「有感知的水」、「祈禱治療」、「唸咒感應」、「雙胞胎感應」、「夫妻感應」、「巴克斯特效應」、「因果輪迴」等等實證科學無法解釋的現象，姑且這樣說，這些巧合或可稱為「默契」。

日月宇宙穹蒼（Sr. Maria Van Galen, fmm 作品）

第一部分
天：宇宙與創造
Cosmos and Creation

第一章 無限聆聽

Unlimited Listening

傾聽生命瀚海所湧出的吶喊

生命的波浪不斷的湧出海面，
小時我聽到洶湧的海浪至今沒有變，
那沒有憐憫的雷聲也不斷打破了沙灘的寂靜，
如今生命的波浪仍不斷的湧出海面而我只能
無限聆聽，順天行道；
反璞歸真，生生不息；

無私之愛，柔和相待；
自然之道，生命之道；
淨水常流，綠木常青；
聖人勿執，當下覺悟；
陰陽運行，天地人交織；
此刻即真，重編生命網。

宇宙的聲音無處不在，就如一段千萬年的承諾，在大地中緩緩地展開，要想順天行道，除非我們瞭解天道；要了解天道，就得懂得聆聽天道了：而天道真是有如無邊無際的浩瀚大海，我們小小的人怎能聽到無限的天音呢？人類已花了幾世紀仍不能全然聽懂它呢！

天主創造的人真是奇妙，只有一個頭、一張嘴和一個鼻子，但卻有兩個眼睛和兩個耳朵。我們都有兩個耳朵，卻不一定聽得到，我們通常聽誰的聲音呢？『理想我』的聲音；長輩的聲音；上司的聲音；或我內在的聲音？或是樹的聲音，鳥的叫聲，甚或宇宙的聲音……？當我們能聆聽我們內在的聲音，就會聽到自己的故事，給自己開啟智慧之門。

我們每個人的內心深處是多麼渴望被聽到，被了解和被接受，但事實上，真正的聆聽是件不容易的事啊！常有人說：知音難遇，或知音可遇不可求。人和人的相遇是要有相當的緣分，相知是要付出相當的時間和精力相互交流與溝通。真實地傾聽是用心，以靈魂去聽，不要只有用耳朵。比爾．樸羅肯（Bill Plotkin）①說，靈魂是你真正的天性（nature），造化之所在。不只是你的靈魂和你的天性要彼此依賴，更是彼此渴望。你的靈魂是屬於你和世界的②。心理學的英文是Psychology，就是*Psyche* + *Logos*兩個字放在一起，意思是靈魂和語言（Soul + Word）一起稱為心理學；換句話就是靈魂在說話（soul speaking），所以我們要傾聽靈魂的話語，因為每一個人都有她／他獨一無二的歌，所以當你聽到你真正自己靈魂之歌時，你也就能真正愛人。換句話說，當我們能聆聽內在的聲音時，很多繁雜的事會變得清晰，這是一種當下的智慧，來自直覺的經驗。

《七重山》作者多瑪斯．牟敦（Thomas Merton）③神父說：「如果我從來不曾成為我應該是的我，而祇停留在不是我應是的我，那麼我會在矛盾中浪費我的餘生，我的生命雖生猶死；可嘆的是，這個死也不是真正的死，因為我還是存在。這

1. 美國心理學家、荒野導覽員。生於1950年。
2. Soul: Your place in nature. Soul and nature are not only depending on one another but long for one another. Your soul is both of you and of the world-by
3. 1915～1968，二十世紀最偉大的靈修大師之一。天主教嚴規熙篤會隱修士。

樣活豈不就是行屍走肉嗎？所以生命的真正歷程，是去耕耘一個能聆聽的心靈，這樣才能找到我們的天命。」

其實，每個人的誕生都是奧祕，而人只能在無止盡的聆聽中，順天行道，才能進入所謂的天國。人實際上不能操縱多少東西，只能順其流動，有如風水，有如河流一樣不停地往低處流動。流動的水是活水，不動的水中將成為死水，是有毒的。大自然本身是生生不息的。《聖經》中聖保祿深深體驗最好的力量是在軟弱中，或說、真正的力量是來自經驗軟弱所產生的。所以要有創意性的傾聽，必須停止判斷，放下譏諷和各種恐懼，才能有空間讓聖靈／神的氣息，自然的流現；亦即從真我中浮現。我們也因此在同道偕行（Synodality）中，與眾弟兄姊妹一起讚頌天主④。詩人艾略特（T. S. Eliot）說：「我們生活中的一切事務僅僅是暗示和猜測，暗示出現便產生猜測；其他的一切就是祈禱，觀察，節制，思想和行動了。暗示有一半用猜的，恩賜只能了解一半，此即降生。」⑤所以無限傾聽是在不斷的降生過程中必須要有的心態。

生命是每一生靈所發出的永無止休的、滿苦痛的吶喊；它渴望被聆聽；被注意及被關愛；喜悅的是吶喊聲突圍而出，有人偶而聽見時的珍貴時刻。有人聆聽，才有喜悅；更深入一層，能成為聆聽的人。然而，最深沉的聲音，最巨大的渴望就是

4. Fratelli tutti & Laudadosi分別為教宗方濟各的兩道通諭《眾位弟兄》及《願受讚頌》。
5. 譯自艾略特的詩集"The Dry Salvages"（These are only hints and guesses, Hints followed by guesses; And the rest is prayer, observance, discipline, thought and action. The hint half guessed, the gift half understood, Is Incarnation.

愛，也是目前世上一切生靈所最需要的；再也沒有比此更艱難與更迫切的信仰，就是生氣勃勃的活出愛，敏銳地面對世界，接受你在世上的責任，作為一個無可取代的人。

當我們能傾聽人時，我們就會用不一樣的方式談論神。窮人的演講是不同的。我必須學習他們生活的語言，和他們談論神，雖不用我「的神的名」，不用我們習慣用的語言。當我是開放的，我就會讓他們的痛苦和所受到不義對待碰觸到我的心，對受傷的深處我也就能有所回響，這是全人類都有的，神就在這裡。大部分的人是渴望愛，而只有神無條件的愛才能滿足人。這些無家可歸的人使我去碰觸到我心底深處對愛，對治癒和生命圓滿的渴望。每天和病患、街友相遇，引領我進入一個新的覺察，就是生命比死亡更強。雖然他們自己已深深受到傷害，但我意識到他們有能力去信任，去建立關係。他們建立關係的能力見證天主的大能，和在一切破碎中帶來的治癒。他們的臉龐和故事改變轉化我對「福音」的理解。這些人不斷地改變我的祈禱和我談論天主／神的方式。

全球化越來越突顯個人或國家民族對尊嚴的苛求，而我們的文化、經濟、學術，甚至宗教已邁入互補混合交流的趨勢。譬如，今天有很多的移民、難民，使得在本地的人必須從本位文化生活開放到多元文化，以致到跨文化（intercultural）

圖三　By Rafael G.Ripollés Mestre
生命吶喊
引頸抬頭
緊緊扣住
粗壯雙手
渴望被聆聽

的生活。要如何整合全球化與「全球在地化」[6]之間的張力呢？東方人，一方面自豪自己的優良文化傳統，但也羨慕西方的理性系統思考；然而，西方的理性發展，幾乎也到了某種極限，轉轉而嚮往東方的直覺與神祕經驗。在今天的世界裡，除非我們有全方位或「全息的」[7]視野，我們將看不見「真相」，因此也不能有全然的了解。在一切都走向全球化的今天，我們的信仰生活早已混合了東西方的一切思維，在網路發展到極致的今天，一切資訊都快速的傳遞到全世界。

全球網路雖然帶來很多好處，但也帶來複雜與莫名的壓力，人愈來愈經驗各種精神病症、焦慮、憂鬱、恐懼、不安、暴力及疏離感等的衝擊。有很多人實際上渴望回到簡單、自然的生活，但似乎已回不去了。在多重複雜的結構中，要回歸簡單更是很難的事。如今，在這資訊爆炸時代，很多人面對無以自處的虛無，而我們卻有太多的「參照思維」[8]，已不合適今天的社會情境了，比如：擁有更多的資訊、知識和物質是使人更快樂嗎？今天的環境連要找個垃圾

6. glocalization此詞源自拉丁文的「*globus*（全球）」及「*locus*（地方）」，亦是「globalization（全球化）」及「localization（在地化）」二詞的縮合詞，為近代學術界所創的混合新詞彙，表達全球化與地方性二者相互補充的關係，即一方面強調在全球化的過程中應注重地方性的特色，另一方面也應注意如何將全球性的因素落實於個別的地方區域中。
7. holographic此詞來自希臘文的「*holos*（整體）」及「*graphein*（書寫）」，從字源來看，意即「每一個小整體中書寫著大整體」。最早應用在英國物理學家D. Gabor所發明的一種照相技術，即利用兩道沒擴散的雷射光，經過一個相當複雜的過程創出整體影像；後來有人推而廣之，凡是碰到「系統的一部分擁有整個系統的資訊」這種現象，都一律冠上holographic這個形容詞。此詞彙在大陸及香港已統一譯為「全息」，台灣則採狹義的「全像」、「整體顯像」或廣義的「全訊」，但並未統一；本書暫用「全息」譯詞，主要意涵為：「宇宙中的每一個小部分，都包含了完全、整體的宇宙訊息」。
8. Reference beams: Our mindsets or world views were imposed by a culture which is no longer appropriate. E.g. Patriarchy, certain dualisms, racism, nationalism, consumerism, and our crisis of perceptions. (Mary Schmitt).

掩埋地也是個大難題呢！聽說全台垃圾堆積的高度快要淹沒人了。誰願在自家附近有垃圾堆或焚化爐呢？此外，意識或潛意識中的種族主義、民族主義、父權主義、某種對立的二元論……等問題。現代人幾乎失焦了，尤其是年輕人不知道自己的目標時，有人甚至不知為何要活著。他們似乎被迫躍進一個大空虛的世界裡。若我們不徹底改變我們的視野，我們將會逐漸脫離新人類的思維了。

天主所創造的宇宙萬物和人是一個有機體。今天全球關係網絡的首要衝擊，是在於人的意識醒覺。如何在多層次（意識、潛意識、集體潛意識等）和「整體科學」（Science of Holism）的微觀和宏觀⑨來了解我們的生命是關鍵。隨著全球化（**globalization**）的進展，世界已進入跨社會流動（**cross-social mobility**）、跨文化（**interculturality**）等趨勢。一切生意、市場、政治、經濟、社會和文化，都因全球網路世界而無遠弗屆。許多跨國公司超越了國家的權限，掌控了世界的經濟、政治、甚至文化；不少跨國組織，甚至取代了傳統國家政府的實質權利⑩。今天，經濟的發展幾乎成了我們生活和教育的模範，但這樣的發展，分裂了人的理性、情感和靈性的統整，也帶來了大自然的汙染、剝削和環境生態的破壞。越來越多的人在戰爭中受苦、受飢餓，以及失業的困

9. Science of Holism includes: 1) The Consciousness of the Cosmos, 2) Patterns of vibration in nature: its music, its intelligence, 3) The Holographic Model, which makes the claim that everything is totally present, however vague, in each of its parts! Can I say, legitimately, that I am the “Universe in Microcosm？ 4) Living systems: Self-organization through chaos and complexity; Creativity in the Cosmos. 5) The Quantum nature of reality: emphasis on the work of David Bohm. 6) Nature Memories (or law); Morphogenetic fields. 7) Gaia is alive!

境中，也越來越多的人對生命的意義質疑，並感到心靈空虛。

研究顯示五分之一的全世界人口，享用五分之四的全球資源。商場拼命創造需要、媒體則大力廣告，而普羅大眾輕而易舉地被催眠，成了受害者。人因此覺得需要某些東西才能生活快樂。事實上，那些所謂的有錢人大多並不快樂。消費主義其實就像是一個監獄，它的圍牆就是到處可見的廣告，這圍牆使我們疏離了自然宇宙的核心意義，因為一切自然的，也變成了商業利益，造成有錢的越有錢、貧窮者越窮。由於網路的快速發展，年輕的一代已明顯的與年長者有代溝了。今天所謂的貧窮，也不只是指物質的匱乏，而更是精神上或追求所謂「精緻文化」上的需求所帶來的貧窮。

整個宇宙是一個大團體，萬物的生命畢竟是由一連串的生命故事形成的，但背後有雙無限慈悲的大手支撐著。除非我們能再度變成小孩，有一顆單純的心，開放並聆聽，我們不能從故事中發現新的願景，並讓已破裂且無感的人際關係再度溫暖起來。

宇宙性靈修旅程的圖像，與其說是地圖，不如說是一個羅盤，因為是我們走出來的路，而大地母親的生生死死和復活就是巴斯卦的奧蹟。貝里神父（Thomas Berry）[11]曾說：「所有偉大的轉變，都是犧牲的時刻；除非有巨大的

The Galaxy is alive! The Universe is alive! What right do I have to make this statement？ (Mary Schmitt).

10. 請參考Will Hutton and Anthony Giddens (eds), On the Edge: Living with Global Capitalism (London: Jonathan Cape, 2000), p. 4. 本書尚未有中譯本。
11. 1914～2009。知名的美國籍文化歷史學家，專研世界宗教，是西方專研亞洲傳統宗教的先驅。

圖四　天地人一體

犧牲，我們不可能完成今日的轉變。」人類學家羅倫．艾斯利（Loren Eisley）說，回到森林去，並記得在走向月亮的路途中學到的功課，因為我們的每個生命故事都會變成葡萄酒的皮囊。其實十三世紀的聖方濟早已進入宇宙萬物的情懷，他著名的〈太陽歌〉（見專欄二，本書五十七頁）就是他擁抱宇宙，並與宇宙萬物稱兄道弟的靈修表達，甚至連死亡都是他的姊妹。聖方濟的靈修是他與宇宙萬物的交流共融結果。

傾聽是今日領導之路千萬不能忽略的一環：傾聽的藝術是一條無止盡的旅程！同樣的，低劣領導的最大徵狀之一就是不能好好傾聽（請參看專欄五）。在本書，我嚐試在宇宙的內化和進化中，拓展我們的身體、心靈；並在自我、他人、大自然和神靈的關係中，探討我們的整體生態、藝術創造和人性關係的宇宙性靈修。這靈修有如一個大生命網，在全球性、地方性和心理社會性的交織中，相互依存，共舞成一體。本書後段，筆者也試著探索今天世界的需要和對信仰生態共感的省思。

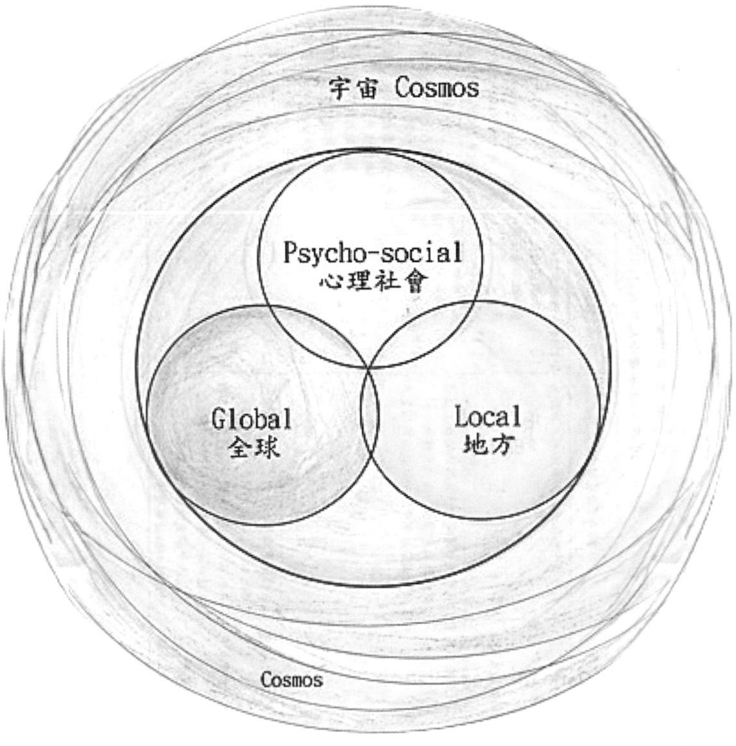

圖五　宇宙性靈修有如一個大生命網

◆專欄二◆

〈太陽歌〉

至高、全能、仁善之主，
讚頌、光榮、尊敬
及一切的稱揚皆應歸屬於你！

至高者，祇有歸屬於你是適當的，
誰也不配呼號你的聖名。

我主，願你因著你造生的萬物，
特別因著太陽兄弟而受讚頌，
因為你藉太陽造成白晝而照耀我們。
太陽是美妙的，它發射巨大光輝，
至高者，它是你的象徵。

我主，為月亮妹妹和星辰，願你受讚頌！
你造生了它們於天上，它們是光明、珍貴而美麗。

我主，為了風兄弟，
又為了空氣和白雲，晴朗及各種氣候，願你受讚頌！
因為藉著它們，你給予你的受造物，得到扶助。

我主，為了水妹妹，願你受讚頌！
它非常有用而謙虛，珍貴而貞潔。
我主，為了火兄弟，願你受讚頌，
你用它光照黑夜；
它英俊而愉快，勁健而有力。

我主，為了我們慈母般的地姊姊，願你受讚頌！
它載負我們並照顧我們，
生產不同的果實，色彩繽紛的花卉和草木。

那些為了愛你，而忍受不公平和痛苦，
並寬恕別人的人，
我主，願你因著他們而受讚頌。
堅持和平的人是有福的，
因為他們將由你，至高者，獲得榮冕。

死亡妹妹，是任何活人不能逃避的，
我主，願你因它受讚頌。

唯有死於大罪中的人，是有禍的！
承行你至聖旨意的人，是有福的，
因為第二死亡，不能損害他們。

請你們讚頌、祝福我主！
並以極大的謙誠，感謝和事奉祂。

第二章

整體宇宙觀
Holographic Universe

宇宙的自然原則／宏觀和微觀的整體科學

整體宇宙（Holographic Universe）像是一個無邊無際的大海，我們置身於這大海，海中的水經過我們的身體流進流出，大、小波浪、旋風等不斷的衝擊著我們，而我們就在這宇宙大海的波動中形成一體的生命。

貝里神父說，大自然是最高的宇宙律；南美洲解放神學家李奧納多．波夫（Leonard Boff）①神父也說，聖神在石頭中沉睡、在花中作夢、在人類當中甦醒；我們人就像在大地中的石頭、水及樹一樣，用這樣一個嶄新的眼光，我們與萬物一體並宣稱，我是保護自己的雨林。

1. 生於1938年。方濟會司鐸，巴西神學家、哲學家、作家。慕尼黑大學神學暨博士。

據研究，宇宙的誕生是約在一百五十億光年以前，那麼宇宙是從哪裡來的呢？美國當代的宇宙學學者布萊恩．斯威姆（Brian Swimme）②說，宇宙從起初就有一顆「隱藏的心」，住在每一個人和每一個宇宙的事件中。我們可稱之為天地之心，而愛是天地之心的力量。盧梭（Jean-Jacques Rousseau）③認為，大自然決不會欺騙我們，會欺騙我們的是我們自己；而史賓賽（Herbert Spencer）④則說，在大自然的世界中，沒有一件事的存在是例外的，一切都由這位隱藏者的愛心所形成的。美國的生態學家霍姆斯．羅斯頓（Holmes Rolston）⑤說，科學家發現在今天最能表達大自然的圖像，不是法律，而是生命的故事；構成我生命的是故事，而非原子。凡是真實的，不受任何威脅；不真實的，根本不存在。每個人的生命史就是一本書，它不是讓人拾起來，翻翻隨便閱讀。他／她是作者，在講述自己的故事之際，展現自己的生命。每個人的故事內在都隱藏著某種藝術感，因為我們都參與了天主的創造，而祂是真正的藝術家！有誰能創造這千變萬化的大自然宇宙萬物呢？

心理學大師榮格形容：「生命就像以根莖來延續生命的植物，真正的生命看不見、深藏於根莖中；露出地面的部分生命，只能延續一個夏季，然後凋謝。然而，我從未失去埋藏於內心深處的潛意識，它持續地在永恆流動中生存；我的夢境、各種幻覺猶如火紅的岩漿，於是，我欲加工的生命在其中被賦予了形狀。」

2. 生於1950年。美國加州整合研究所教授。
3. 1712～1778。法國政治理論家、哲學家。
4. 1820～1903。英國哲學家、教育家、社會學者。
5. 生於1932年。美國哲學家，關注環境倫理與宗教、科學之間的關係，有當代環境倫理學之父美譽。

圖六　構成生命的是故事不是原子

德日進⑥和貝里兩位神父的研究發現，宇宙有三個自然原則⑦：

- 行星上一切都息息相關、環環相扣的共融關係：地球。
- 沒有任何的受造物是重複的，有其獨特的個別性，萬物是多元的藝術。
- 每一個幅度都是獨一的，有其個別主觀性、亦有其內化的力量，有其奧祕性和神聖性，這就是聖靈／神。

圖七　共融的地球

圖八　萬物多元的藝術

6. 1881～1955。耶穌會士，法國籍神學家、生物學家、地質學家、考古學家。在中國工作多年，北京猿人的發現者之一。著有《在世界祭台上的彌撒》（光啟文化）、《人的現象》等。
7. 《德日進在二十一世紀》（暫譯，*Teilhard in the 21st Century*）by Arthur Fabel and Donald St. John, (N. Y.: Orbis Books, 2003), pp. 85~86.

圖九　舞出聖神

但這一切都在愛的進化力中走向宇宙基督，真正的能量。整個地球是一個有機整體，剝削了她的神聖品質，就會分裂宇宙的整體秩序。如何增加內在的覺醒力，是個人內化力的關鍵。禪語有句話「相隨心生，力隨意轉」，意思是我們的注意力在哪，我們的能量就在哪。我們生活的品質在於我們的覺醒力和注意力。萬物的個別性和其內化力牽動彼此的關係，換言之，個別的獨特性和內化力越深，其共融關係越好，所以我們若能找回內在平衡，就能讓生命更有能量。

十九世紀的美國人亨利．大衛．梭羅⑧說：「我從沒看過一個真正醒著的人，叫我如何誠心看著他呢？」我們事實上有一個真我及一個個別的「自我」（小我，ego），大部分的時間我們都是活在自我（小我）裡。當我們經驗到自己的心靈和宇宙地球的一切相連在一起時，便是真正覺醒的時刻。

我們的靈性超越統御肉體較低層次的力量，但人往往要經歷震驚或大的打擊才會覺醒，因為一場嚴重的疾病或意外可以鬆動肉體和氣體之間緊密連結。這種經歷雖是十分痛苦，但長遠來看是一種祝福，因他能產生震撼的覺醒力。

米契爾．梅（Mitchell May）博士說，所謂的康復是來自靈性體、靈魂，是上層的氣體、生命體。康復力是來自氣體，氣體能康復肉體。所謂正確及健康的靈修，就是要漸漸的將我們的氣體從肉體中解放出來，它就能看到、了解到靈性、靈

8.　Henry David Thoreau，1817～1862。《湖濱散記》作者。

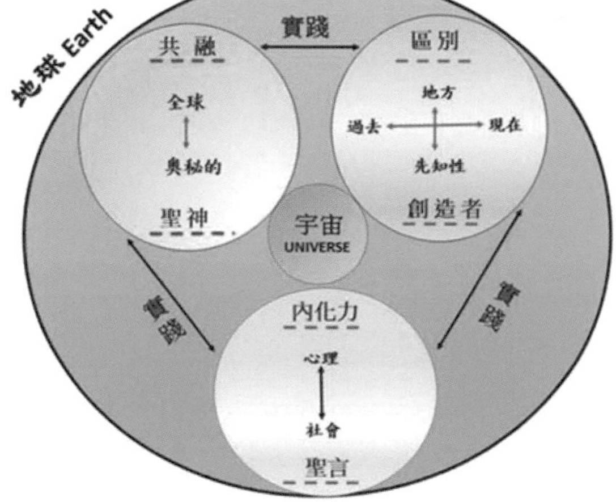

圖十　土地正義

魂及宇宙的本質。所謂的土地正義（Geo-Justice）就是要優先選擇為整個地球的利益，也就是在於其共融性、個別性及內化力三個幅度的實踐（請看圖十）。整個宇宙不僅是聖神、聖言共融奧祕歷程，也不斷在心理社會綜合中內化，以及個別在歷史中先知性的創造，這就是整體的動態宇宙觀。

史丹勒博士（Dr. Rudolf Steiner）所研究的靈性科學（或人智學）是往上提昇，要人類重新與靈界相連的，而往下走則陷入毀滅環境、毀滅地球，因為我們已不把地球當成一個與我們有關的生命體來愛它，這是使人類面靈身心痛苦的物化的思維。但如果能回到追求靈性成長的路上，人的靈性在此時的力量最大。深具智慧的古人不會把地球視為純物質而已，他們是深深與宇宙共舞的。靈界的存在是要讓我們的生命變得更富裕，真實的世界其實是在朦朧幻境之後的靈界，可惜我們常只活在物化的世界而已。在生命的泉源，天主的能量（聖神）裡，整個的宇宙有如一張具有無限色彩生命網，和諧地編織在一起。

德日進說：「我們的生命是由兩條線編成的，一條是內在的發展（involution），透過它，我們的理想、情感、宗教和人性態度得以進展；另一條是往外的進展（evolution），這是和宇宙萬物之整體力量的交會點。」⑨我認為這兩條線有如我們人類所遭遇的各種相對能量，如：西方／東方、科學／宗教、能量／智慧、理性／非理性、物質／精神、理智／情緒、性意識／靈修、左腦／右腦、陰／陽、等等，在錯綜複雜的交織過程中，在宇宙整體的進化裡，整合並形成一個全面、立體且有生命、有靈性色彩的網絡（The web of spiritual colors，見圖十一），並在愛的進化過程中走向Omega⑩。換句話說，只有愛能包容一切的對立性，並提昇我們的心靈。

德日進將這樣的宇宙關係，稱之為Planetization，意即：全球是一家，是一個有機的生命共同體。我們人類與宇宙是一個有機體。天主所創造的宇宙萬物——大自然，和人是息息相關、環環相扣的一個有機體。宇宙中不同的色彩是來自不同的

9.《神的氛圍》（*The Divine Milieu*），鄭聖沖譯，光啟文化出版。此段文字由作者譯自英文版 *The Divine Milieu* (N. Y.: Harper Torch books, 1960) p. 79~80.

10. 聯合國於二〇〇五年四月七日舉行紀念德日進神父逝世五十周年，國際貨幣基金前總裁麥可．康德蘇（Michael Camdessus）演說內容摘錄。

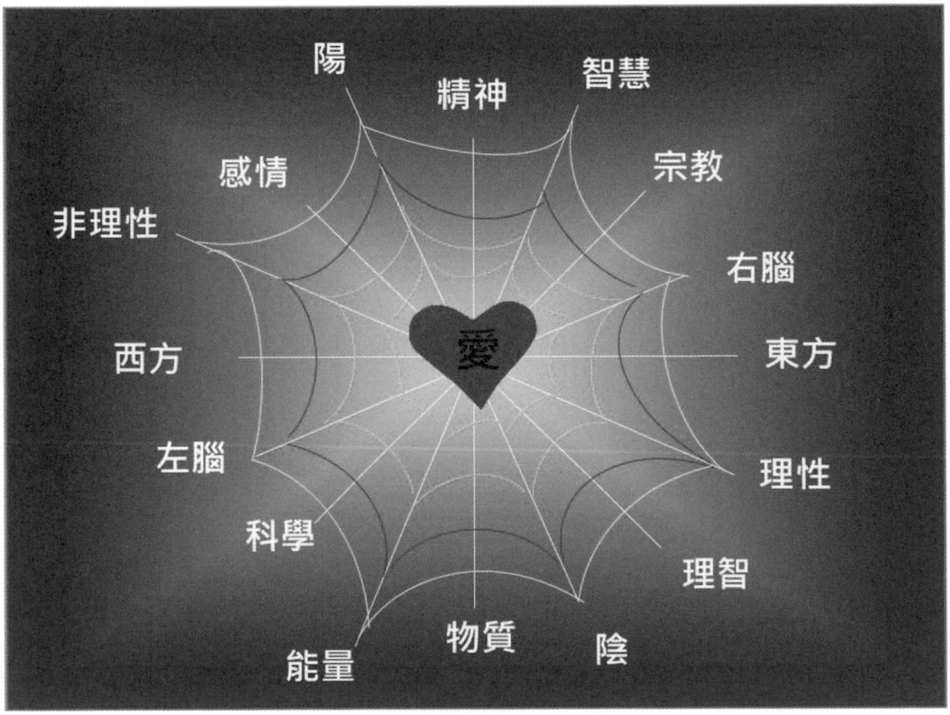

圖十一　靈性色彩的網絡

能量，而這些不同的相對能量，就是多元的色彩，編織在一起形成宇宙豐富的靈性色彩。今天全球關係網絡的首要衝擊，是在於人從起初就有的意識醒覺。如今我們的世界觀不能只是平面或直線的，而是螺旋式的進化、多面（個人、團體、宇宙的幅度等）、多向度（時間、空間）、多層次（意識、潛意識、集體潛意識等）和科學的，也是微觀和宏觀之下的整體的科學。

它包含：(1)宇宙的意識；(2)大自然波動的形式；(3)全息的模式，微觀的宇宙；(4)有生命的系統，宇宙的創造力；(5)量子的實相；(6)自然的記憶或自然律／型態或器官的形成領域；(7)大地是活的！宇宙是活的！銀河是活的！（請看專欄三〈宇宙史詩〉，本書八十八頁）

宇宙是全息的（Holographic Universe）

根據玻姆（David Bohm）[11]的看法，宇宙是全息的，意指宇宙的本質是整體的運行，每一個部分包含整個宇宙的訊息，每一個單位或成員，都應該具有全體的真相與功能，猶如一個宇宙蛋（見圖十二）。這宇宙蛋是有機生命的，在與自己和好過程中，虛心和天主來往中淨化心靈；與別人和好中愛好慈善；並在生態意識中參與大自然的和好而履行宇宙正義。這是整體宇宙觀的三個向度。

11. 1917～1992，理論物理學家。對量子力學有突出貢獻，他以加州大學柏克萊分校研究生身分，受奧本海默之邀曾參與曼哈頓計畫，但是由於他與共產黨關係緊密而未能全程參與。二戰後他輾轉移民英國，在英國奠定他在量子物理的歷史地位。1952年創立了「隱變量理論」，是對量子力學完備性而提出的替代理論。

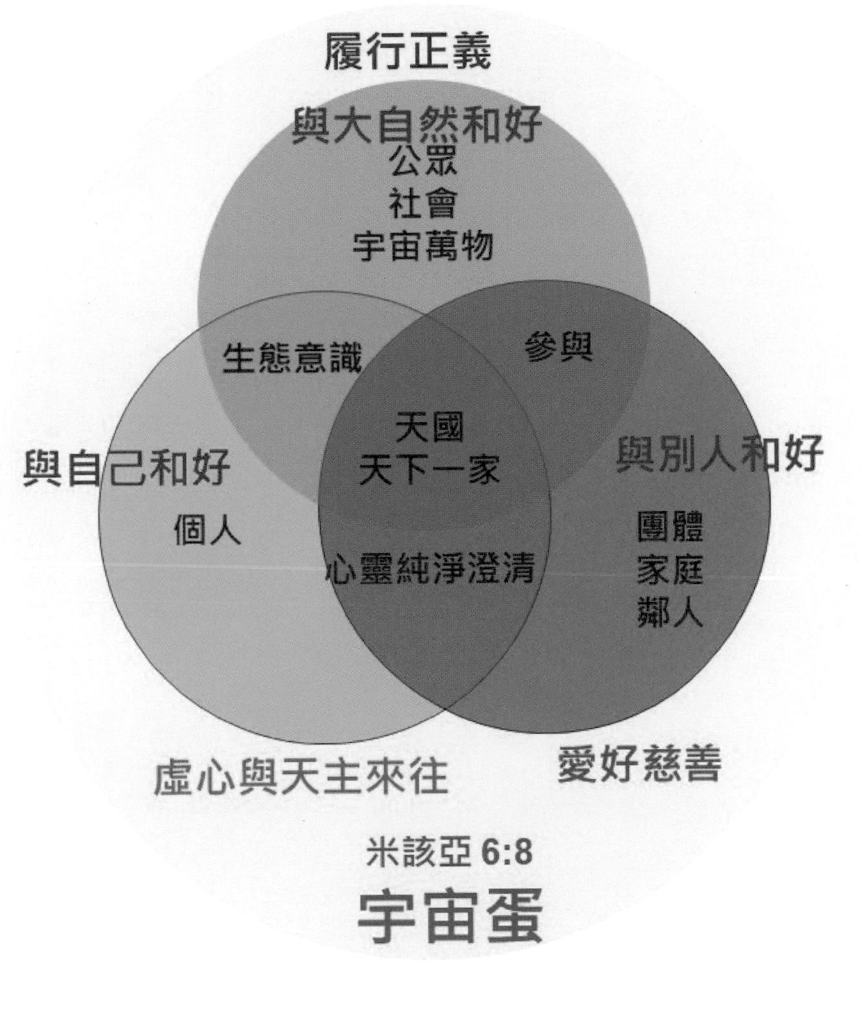
履行正義
與大自然和好
公眾
社會
宇宙萬物
生態意識
參與
天國
天下一家
與自己和好
與別人和好
個人
心靈純淨澄清
團體
家庭
鄰人
虛心與天主來往
愛好慈善
米該亞 6:8
宇宙蛋

圖十二　宇宙蛋—宇宙正義

大自然、宇宙及萬物的向度，有賴我們如何在世界中履行正義；土地、水、樹木及空氣，本來是屬於每個受造物，這是宇宙法則，但現在卻落入文明人的權柄之中。人際關係、團體的參與及社會的建設，以及對生態的覺察，此三向度在我們全息的宇宙中，是環環相扣而密不可分的；當這三向度能和諧相扣時，天國就來臨，平安也在我們當中，也就是恆常的愛。《米該亞先知書》第六章第8節，天主邀請我們：「虛心地與上主你的天主來往、履行正義並溫柔相待」。

肯恩．戴特沃德（Dr. Ken Dychtwald）⑫說：

「全息的頭腦、心靈與身體，彼此是息息相關、環環相扣，如同太極在宇宙的矛盾中，混亂原理與自然律是共存的。人類的頭腦具有全息圖像的能力，並且能夠影響身體的功能；我們的身體不僅僅對現實有回應，也如同現實一般地呈現事實，例如：當我想像檸檬，我的口腔也分泌出口水，所以想像不僅僅是在全息的心靈中，能夠影響身體變化的工具，單是承認這一切事情是不可打破的整體，就能產生它的效果。」⑬

生生不息的陰陽運轉，是生命的創造力；兩極而非二元的陰陽，不僅是不可分割的，更是相互依存的；在「萬殊一本，一本萬殊」的體驗中，生命經歷了許多矛盾與複雜，但最終的渴望，仍是回到和諧而親密完整的合一根源。在全息的

12. 生於1950年。心理學家、老年學家，Age Wave共同創辦人，美國老年學社會及商業應對的先驅。
13. Talbot, p. 57.
14. 1940年生，主張心識影響健康及在醫療體系中加入靈性照護。曾任《另類醫療》期刊主編。著有《超越身體的療癒》、《祈禱：揭開信心療癒的神奇奧祕》等。

宇宙中，一個態度、心念上的輕微改變，就能造成生與死的差異，每件事都隱含著牽一髮而動全身的蝴蝶效應。我認為，如果所有的人，都能具有這種全息宇宙的視野與胸襟，這個世界就能有真正的和平。

勞瑞．多西（Larry Dossey）⑭醫生說：「當我們將焦點放在關係性與一體性的原則，離開分裂而孤立的情況，就能確保健康」。寬心劑（placebos，或稱安慰劑）在療癒過程中扮演很重要的角色，它的效果在於以一個整體的視域，提供人體戲劇性的支持；換句話說，我們的身體、心理和靈魂是無法分開的整體，只是我們的左腦無法輕易了解我們全息身體的複雜。我們無法相信在我們的五官背後，有另一個巨大的空間，就像有些針灸理論提出人體內五臟六腑的所有資訊，都包含在一個耳朵之中（參見圖十三）⑮。換句話說，天主在我們的耳朵構造中有全身的訊息。

全息的宇宙不僅關連物質東西的空間感，也是關連時間的定序。因為時間並不僅是直線式的，從全息的視野來看，過去、現在和將來都是現在，是非局部性（non-local）而碎形（fractal）⑯的整體宇宙。我們的意識常是在無限的深度裡，是在超越時空而微妙的層次裡，其中蘊含無限多彩多姿的能量感應⑰。人的身體之奧妙，一個小耳朵有整個人體的穴位，腳底，手掌都有全人體的穴位，一個中醫

15 Talbot, p.114.

16. John Briggs and F. David Peat認為大自然的形式是一種混沌（chaos）的形式，並指出許多科學家們微觀來看天、地及人體（如皺紋等），發現了這種碎形的混亂模式，命之為「碎形（fractal）」，詳見 *Seven Life Lessons of Chaos* (N. Y.: Harper Perennial, 2000), pp.99~144.

17. ibid. p. 264.

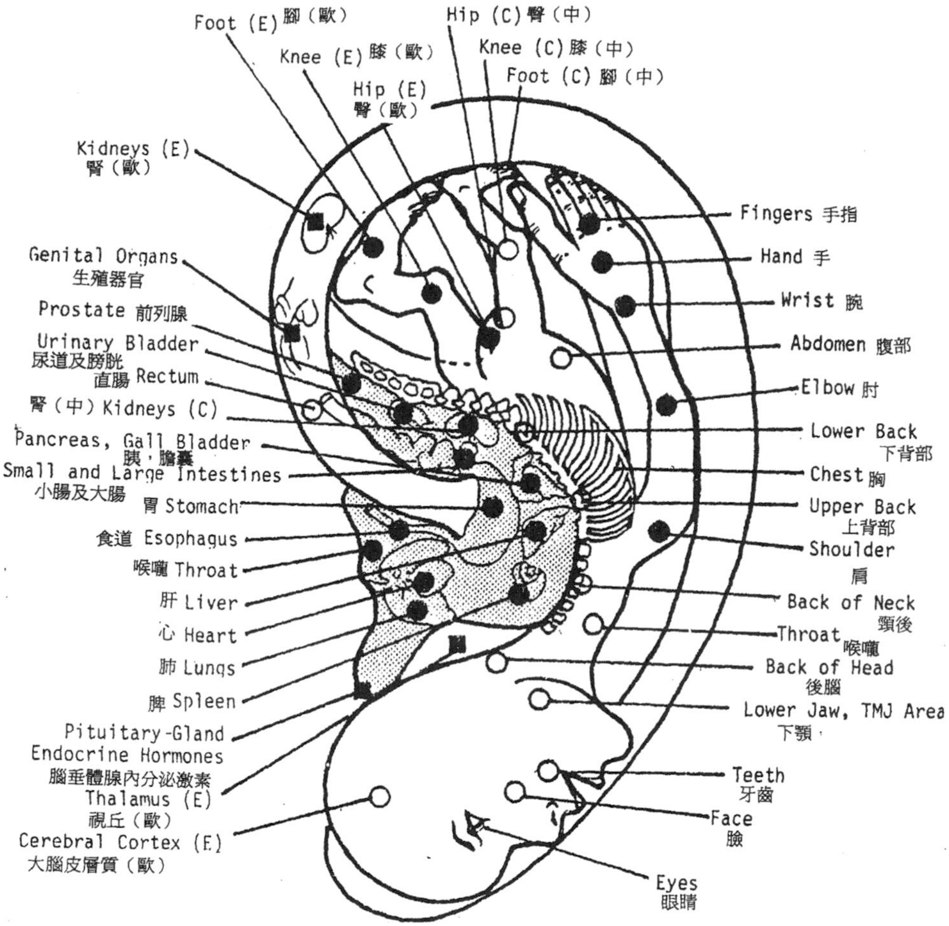

C = Chinese Ear Acupuncture System
（中）：中國耳部針灸系統
E = European Auriculotherapy System
（歐）：歐洲耳部治療系統

The Little Man in the Ear. Acupuncturists have found that the acupuncture points in the ear form the outline of a miniature human being. Dr. Terry Oleson, a psychobiologist at UCLA's School of Medicine, believes it is because the body is a hologram and each of its portions contains an image of the whole. [Copyright Dr. Terry Oleson, UCLA School of Medicine. Used by permission]

圖十三　耳朵穴位圖

的針灸按摩等就是全息的概念。所以華人文化早就了解宇宙的整體是不可分之關係。例如民俗的看手相、看風水等等似乎是有其道理的。這一切似乎在說明宇宙的自然法則，因為人體和宇宙是息息相關，不可分開的。一切是要在天時，地利，人和的情況中進行，宇宙不是只有以人為主軸的生活。

奧羅賓多（Sri Aurobindo）⑱說：「多數人具有所謂的『心靈帳幕』（mental screen），它阻礙我們越過『物質的面紗』（the veil of matter）看清真相。」每件事都是由不同強度的各種光波所組成，所有的分離是一種幻覺，而所有的事，最後終將彼此相連而成為整體。我們將事物片段化，因為我們對意識及現實，仍停留在較低層次的感應；接受片段事實的習性，反而阻礙我們整體性地經驗到意識、喜樂、愛、存在的愉悅等，以及更高而妙不可言的真實層面⑲。因此，若我們的宗教信仰、教會和宗教組織，試圖將宇宙化約為絕對的事實以及不可改變的教條，它將扭曲真實的靈性，而只不過成為「一團穩定的光」⑳；「量子的教導指出物質只有在與心靈連接時，才能獲致具像的呈現、可被定義的存在」㉑，聽到「靈媒可被視為最現代及最博學的心理學家」㉒，令人驚奇而覺得不可思議。

18. 1872～1950，印度政治人物、哲學家、瑜珈士、教育家、民族主義者、詩人等等，與聖雄甘地、詩聖泰戈爾並稱「三聖」。
19. 《亂中求序：混沌理論的永恆智慧》原書 *Seven Life Lessons of Chaos*, p. 264~265.
20. Satprem, *Sri Aurobindo, or the Adventure of Consciousness*（N. Y.: Institute for Evolutionary Rearch, 1984), p. 219.
21. Talbot, p. 270.
22. ibid. pp.13, 57.

我認為從這樣的角度，才能開始了解瑪利亞的顯現及其他不尋常現象的意義。這些現象，出自人類集體潛意識的信念、夢境、慾望、創造及心靈的投射與騷擾；當我們的集體信念及情緒，足夠專注於產生一個心理的投射，我們真實地打開了溝通此世與來世、彼岸與此岸之門。我們由次原子的粒子所創造，這些粒子構成全部的宇宙，也不斷創造我們，每一項事都在「自我創造的宇宙」中，創造其他的事物。事實上，我們在宇宙性的共融中，「彼此交織」實現；直達意識的深處，我們發現動物、植物、甚至質料（matter）本身，都參與了整體宇宙的創造，不同層級的真實，像夢一般地共存在同一本體狀態內。但這是誰的夢呢？就是那唯一的神聖理性，也就是天主的夢。我們都是天主永恆不朽之夢的一部分，而這夢從不間斷地構築祂自己的夢[23]。令人驚訝的是，「只有人不知道自己為何而存在」[24]。

我們的宇宙具有內含（implicate）及外擴（explicate）二個向度，卻又是個無縫的整體，我們的意識有內含的根源，而心智的真正根源，存在於超越事實的夢境中。我們的宇宙不僅是全息的，也是理性的、愛的、和諧的全息運行。

玻姆假定一切有二個基本的向度，即內含的以及外擴的次序，並且認為宇宙的本質，是單一而聯合的過程，是一個不會破裂的流動整體，流動中的每個部分包含整體的流動。威爾柏（Ken Wilber）也說：「我們的宇宙基本上是一個關係的網

23 ibid. p. 281~285. The dream is dreaming itself.
24. ibid. p. 286.

絡，任何在宇宙中的存在都是整體而又部分的，即每個整體是一個部分，每個部分也都是整體。」這就是物質、生命及心智的真實領域。我相信為所有的人類，此刻正進入一個進化到更高意識的時代，科學、宗教及各種不同的古老智慧，不約而同地發現這個奧妙的現象。在量子物理裡，宇宙的能量場域與資訊從未停止變動，每秒鐘都會產生新的碎片。我們的身體是全息的宇宙，它既簡單又複雜，在一個宇宙蛋（圖十二）中，一切都同時性地自我組織，並參與內在交織、互動的反應過程。宇宙蛋是一個活的、合乎土地正義（Geo-Justice）的有機體。它包含三個向度：

• 個體的向度

每個人都是來自天主的獨特禮物，有他的內在旅程（如冰山圖所描述的）。其實一個人只要做真正的自己，就是受到祝福的；一個人只要好好的活，就是神聖的；問題是我們常不能接受真實的自己。為了能認識自己的感受，我們必須感受痛苦的感覺，這為我們是最困難的功課。療癒是每天願意經歷各種不同的感受，尤其是那些幼年時所經歷過的創傷，而不是忘記所發生的事件。健康的整體是一種生活的方式，當我們能將理智與感受連接在一起，治癒的過程就開始了；換句話說，「選擇死亡就是選擇生活」。存在的不變事實是：我們的出生就是走向死亡。當我們背上自己的十字架，虛心與天主同行時，我們就愈來愈肖似天主。

•團體的向度

人不能單獨生活，在與我們的家庭、鄰居、團體等人際關係的互動中，學習成為真正的自己。事實上，人際關係的成長，有賴於自我覺察與自我接受的能力。今日的社會較強調個人主義，在與人的合作上常是很困難，而團體生活變成很大的挑戰；許多人寧願單獨工作，而不願和人合作。有人說，廿一世紀的聖人將不是「個別的人」（individual），而是「集體的人」（collective person），亦即團體（community）。團體中的互動關係，原本應是彼此之間的溫柔相待，但許多時候我們會因誤會或無意的傷害而造成裂痕。派克（Scott Peck）曾說：世界的產生是透過團體的建立，而每個團體的形成必須經過四個階段：

▽**假團體階段**：活在表面的人際關係，只是在外表上保持和諧以避免衝突。

▽**混亂的階段**：彼此間的客氣、忍耐超過限度而產生衝突。

▽**自我空虛階段**：因衝突產生的張力，迫使人去面對真相、學習聆聽與放下。

▽**真實的團體**：放下我執，產生信任與接納，以及成為一體的感受。

在封建和專制制度下的華人常必須面對兩個問題，即「自尊」與「合作」。自信與自尊是不同的：自尊肯定自我的價值，自信肯定自我的能力。一般華人通常有自信但沒有自尊，每當有競爭時就容易輸不起。其實為了彼此相愛與相互的合作，自尊是首要的條件，我們常喜歡和別人比較，源自於低落的自尊感，也因此不容易和別人合作。「所是更甚於所有及所為」，但通常我們常努力擁有更多，為了獲得我們的自尊。實際上，每一個人都是獨特的，我們的信德需要非常實際，在每天與人互動的生活中加深信仰，否則我們的信仰就變成了幻想。只有當我們接受自己，也接受別人時，才能有真正的和平。

・萬物的向度

德日進指出，一旦我們會透過大空間與大時間的持續去看宇宙的創生，我們必然會看出下列四大特點：

▽大自然的結構是一統的；
▽大自然的機能是一致的；
▽大自然的運動方向也是一統的；
▽而人是這個生命大綜合的上升矢頭[25]。

25. 德日進著，鄭聖沖譯，《人的現象》（台北：光啟，1972），102頁。

傳說有個「造雨者」㉖的故事：從前在某個村莊發生大旱，已經有好幾個月沒下過一滴雨，缺水情況越來越糟，已成為村莊的大災難。在那裡的天主教發起聖母遊行祈禱，基督教舉辦各種禱告會，而一般老百姓燒香拜佛，甚至放鞭炮驅魔等，為了求雨，但都沒結果。最後有個小農夫說，讓我們去找那個會造雨的人吧，幾天後他們從另一個省份找到一個乾巴巴的老人，而他來到這村莊只要求給他一個安靜的小屋，然後把自己鎖在那小屋中三天，到第四天天空就密布烏雲，並下了一場從沒有被期待、如此大的暴風雪……，村莊的人就開始紛紛議論這位奇妙的造雨者的神力。有人就好奇地問這位老人，你是如何造雨的？這位小老人回答說：「我不造雪雨，我也不負責這任務。」「那為什麼你把自己三天關在這小屋裡？做什麼呢？」他回答說：「喔！我來自另一個國度，那裡一切的人是都生活在充滿宇宙自然的秩序裡，在宇宙萬物本然生生不息的一體關係裡。在這裡你們不活在天地大自然的規律秩序關係中，整體宇宙的自然之道關係亂了，我也亂了，所以我來這裡等候三天直到我回到這大自然之道的關係裡，雨就自然來了。」

我認為這造雨者的故事，就是說我們到一個地方時，我們的身心靈要先接地氣，當我們的身體和萬物和諧為一體，或天時，地利，人和時，一切就順其自然的發生。這故事其實和我們聖經《瑪竇福音》六：26-30裡：「凡事先尋求天主的國

26. Jean Shinoda Bolen, *The Tao of Psychology: Synchronicity and the Self* (San Francisco: Harper, 1982), p.99.

和祂的義德，其他的一切自會加給你們。」是類同的道理吧。

其實這造雨故事和聖杯的傳奇故事有類似的象徵。「聖杯的傳奇中的漁王神話表達國家的荒涼和一切的不幸是因為漁王的傷還未治癒。這聖杯在古堡裡，而漁王還沒接觸到或被治癒，直到有個天真愚蠢的年輕人問這問題；這聖杯是服侍誰呢？其實這聖杯是象徵耶穌在最後晚餐時的基督或是Self／大我（這是指超越小我，是神性，和好的大我是基督）如果漁王被這共融的聖杯治癒時，這整個國家就會有充滿天國的平安與喜悅。聖杯是為象徵耶穌的寶血，當我們的傷痕罪過被耶穌的寶血治癒和赦免時，我們就回到基督的一體關係中，我們就是活在基督無窮的永恆天國裡了！這宇宙基督的奧體也就是普世萬物一切的連結」。[27]

宇宙事件都是共時性（Synchronicity）

在華人裡有句俗語說：當學生準備好時，老師就會到。這句話描繪一個基本的東方思想，就是人的心理和外在事件或內在世界與外在世界的連結。榮格認為生活中有意義的巧合（meaningful coincidences）就是共時性（Synchronicity）。有時我們會說這樣的事之發生是直覺（intuitive sense）。這些有意義的巧合是無法用理性來解釋的。宇宙有如子宮，它完全環抱、支持及孕育生命，這樣的整體意識召

27. ibid. p.98

喚我們，以新的意義臨在於世界，也就是「宇宙中的每件事，是一種內含而又弔詭的次序、無縫而又全息的結構，整體大於個別的總和，沒有整體能在自身內完成」。宇宙中乍看毫無關聯的事件，其實都隱含共時性，不斷構織整個宇宙。共時性的概念，顯示外在的物質世界與內在的心靈世界是沒有分裂的，它是從下意識中的不破整體所流溢出來的。在全息的宇宙中，一切事物的存在具有深厚的關聯，一切生活的系統在於關係性，那是透過自我組織㉘而形成的自我維持、自我革新與自我超越，強調在複雜的進化中，創造並帶出生活的發展過程。

榮格描述共時性是一個非因果關係連結的原則。有如科學、神話和魔術對事實前後兩面的同一循環門。是指兩件或多件相關或相似事情的同時發生，同步性。克卜勒（Johannes Kepler）相信，地球本身是由與生俱來的靈性本質所賦予活力，回歸宇宙生命的本質與回歸創造的可能性是一致的。玻姆在一次受訪時曾說：「創造的整體是建立在一個內含的次序……，內含次序的一般取向意味在我們意識中所發生的事，與大自然所發生的事，在基本形式上是沒有差別的。」哀倫・庫姆斯和馬克・或蘭德（Allan Combs and Mark Holland）也相信，在這世界上沒有任何事情的發生是獨立於其他事情的，或是完全隨機發生的：所有的事是息息相關，環環相扣的。從宇宙的整體性看來，一切都在同步／時（Synchronicity）發生的。

28. 自我組織（Self-organize）：擁有整體的視野。智能宇宙便是神（the intelligent universe is God）。自我組織有三項成分，例如極其相反於平衡，第二，向環境開放，第三，自我催化結構（意味著保持系統活潑）。

共時性好像一個神話，提醒我們和全世界維持有意義的關係。這是跨越意識與下意識鴻溝的橋樑，結合我們內在破碎的心智，如同心靈覺知外在世界的客觀事件。實際上，共時性，更好在神話語彙的脈絡下加以了解，令我驚訝的是，希臘神話將共時性的經驗命名為Hermes，意指「魔術師」。共時性的事件，是連結看不見的世界與現實的線索，因為在空間中共時性的發生，就好像個人與事情的傳達媒介。榮格認為集體潛意識就是連接人內在心理與外在事件之處。共時性是有意義的巧合，幾時共時性發生，就展現同一母體的萬千向度，即那不可見、無法表達的母體，以突然、同步以及自發的方式，在不同時空成為可見及可觸摸的巧合事件。

共時性常牽涉到個人的事件與他的冥想，是為了顯示那來自同時性根源中，原型的活力。例如詹森（Robert Johnson）在其《內在工作》（*Inner Work*）一書中描述了一個出生自天主教家庭、後來成為佛教禪宗信徒的婦女，在夢與共時性的影響之下，在很深的默觀她的佛教與基督宗教的傳統中，融合二者。在這些不同傳統的背後，原型、自我及超越對立的二者，顯示了核心的事實，即：我們原是一體的。

普羅果夫（Ira Progoff）[29]主張核心的創造力，意即每一個人創造的中心，幾乎等同於榮格之原型自我的概念。追求個人的核心創造力，應以自己最感到滿意及

29. 普羅果夫（Ira Progoff）是卡爾・榮格的嫡傳弟子，他開發了一套自我發現的強化日記法。這套心理治療技術目標在自我成長及鼓勵創意。

最有收獲為基礎的生命選擇，而非受制於社會或其他人對我的期待或看法，這是榮格所說的「個體化過程」，也是坎伯所謂的「無上喜悅的流露」。我們常有困難拒絕別人，因為我們尚未圓滿成為真正的「自己」。在今日的官僚社會體系中，拒絕別人需要很大的勇氣，我相信真我是來自於我們核心的創造力、原型的真我。若我願跟隨「個體化過程」的道路，必須有意識地選擇真實的價值。坎伯指出：「當你選擇要跟隨無上喜悅時，常會感到一雙隱藏的手，以及未意料到的機會伴隨你，這就是共時性對個人的服務。」

當我們順服內心深處的召喚時，「真我」就開始影響整個人類的事件，榮格稱之為共時性法則；就是道家所說的：「有正念的義人即便端坐在屋中，他的正念思想也會讓千里以外的人聽到。」[30]為榮格來說，「真我」是整個人格的原始，是超我的實現，當我們經驗到共時性時，就會產生一種彼此一體的感受，也就是感受到我們同屬於宇宙母體的一部分，如同參與了「道」。

我們的宇宙是由波動所形成的，物質是氣波動密度的最高形式，氣是物質波動密度的最低形式。若瑟・西恩（Joseph Sheehan）對天主的定義是：「無限的、不可見的、向內的本質為理性，向外的展現為形式」；「星象學是內含次序的標記……星象學之所以成為嘲諷的目標，因為它作為內含與外展次序的橋樑，更甚於

30. Allan Combs and Mark Holland, *Synchronicity* (N. Y.: Marlowe & Company, 1996) p. 125.

其他奧祕科學，它在眾多星體的形式中，直接地顯露整體進化的意義，並將之與物質的宇宙歷程相連。」㉛

瑪莉．施蜜絲（Mary Schmith）我的宇宙學教授，這樣描述共時性：「當天主選擇隱匿（anonymous）時」。我們存在最深的層面是「一」，但我們並不認識我們所知的，因為我們從未見過整個全貌；我們的右腦不是因果的，共時性存在於我們完整的各種經驗中。德日進認為，整體宇宙是在神聖的氛圍內，所以就某種程度來說，我認為星象學家，就是能讀出更深真實中之內含次序的人，星象學也可被稱為一種聖的科學！內含次序本質上來說，是整體中的那片廣大遼闊卻又隱藏的領域。「星象學，一種賦予次序意義、以時空中的物質宇宙來解釋的科學。」㉜

日本的高田百合子說過：

「我不知道天主或佛陀是否真的存在，但我很驚奇：

當我雙手合十時，滿意於我的這份寧靜從何而來呢？

左手分享右手的痛苦；右手分享左手的堅決。

時間在其中平安地消逝。我很驚奇，是誰教了我雙手合十。」

31. Geraldine Hatch Hannon, "Interview with Physicist-Astrologer Will Keepin, Ph.D. on Astrology as a Sacred Science, the Holographic Universe, and the Deeper Reality," The Mountain Astrologer, Feb/Mar 1997, p. 25.
32. William Keepin, "Astrology and the New Physics," The Mountain Astrologer, Aug/Sept 1995, p. 20.

我們的生活中的確有很多超越我們所能理解的。多時真理常是在語言和文字之外的，是無法用我們小小的理智了解同時律動的真相。我相信，若我們的工作是由內含次序中的真愛出發，它的功效將足以達致內含次序中最深層的創造過程，我認為這就是所謂的意向（intentions）。事實上，我們的祈禱就是「心之所至」，如何喚醒我們的心，就是祈禱之鑰，透過專注、有意識地覺察我們的意向與目標，終極來說就是愛本身，我們以一種實際的方式，開始面對內含及外顯的次序，並以某種方式轉化、進化此二者，使之和諧一致。吉姆・康倫神父（Jim Conlon）教導我們：「靈魂的工作是一項靈性的進化過程，它需要專注、並愈來愈從幻想轉化到真實。」

圖十四
幻想轉化到真實 (Sr. Maria Van Galen, fmm作品)

1994

◆專欄三◆

〈宇宙史詩〉The Epic of the Universe

燃燒的火焰The Flaring Forth

在初始有「言」~是至高無上，能掌握、塑造一切。
無論甚麼進入這物質世界
在初始，沒有冰冷、沒有黑暗
而是火！

・德日進《在世界祭台的彌撒》1923，XIII, 121~122

I. 生命的出現~

在一段充裕的時間之後，在某個特定的時間，
諸水必定開始匯聚在一起，蘊藏著微小物生物。

也就是從這種最原始的增殖，
才有後來令我們感到驚訝且大量有組織的物質出現——
這些物質的複雜結構組成了我
目前這個地球倒數第二個的外殼：也就是我們的生物圈。
也許我們永遠不會——至少歷史不會直接從分子結構中
找到這些微小物體出現的物質遺痕，
也不會從化學物質中找到有機物質的物質遺痕，
更不會在生物出現之前找到生物。
但有一件事是確定的，像前面所提到的
蛻變是永遠不能僅僅用一個持續的過程來解釋的。
若我們用任何自然發展的比較研究知識來推斷：
在地球演化的某個特別的時刻，
一定有一個逐步成熟的過程、
一種轉變、一個開端、一個重要的危機：
那便是一個新秩序的開始。

• 德日進《人的現象》p.42

在物理學家眼中，這世上除了事物的「外在」之外，
事實上是不存在任何東西的——至少到目前為止。
對細菌學家而言，因為他們的培養菌被看做是
實驗室中容易有反應的物質，因此前述的態度仍是被允許的。
但是在植物的世界裡，上面的看法已經帶來了很多問題。
就研究昆蟲行為的生物學家來說，上述的看法是不可能的。
從脊椎動物的角度來看，那個看法是根本是毫無用處的。
而就人類這種內部（內在）存在是無法避免事實的種類的角度來
看——前面的看法是完全不合理的
——世上事物的內在與外在面貌都必須列入考慮。

• 德日進《人的現象》p.22~23

II. 意識之火

就像我們以前就知道的一樣，在任何地方，仍活躍的種族後裔的最頂端會隨著意識而變暖。但是在一個像哺乳動物中心——自然界所創造出來最強而有力的大腦形成之處——這麼有明確界線的地方，它們會變成紅色。而且事實上就在這個區域

的中心，白熱化的那一點正閃閃發亮。

我們不要忽視那隨著黎明變成深紅色的地平線。
從地平線下升起了幾千年之後，
在那狹小的一處有一盞火燄正要迸發。
思想就在此處！

透過意見的交流和傳送，從某處到另一處的傳導力已經被增強。
傳統已找到秩序。集體的記憶已被發展。
不論這最初的膜是多麼地薄小，從現在開始，
人類的心智區將包圍它自己，圍繞著地球。

・德日進《人的現象》p.142

讓我們了解到任何對宇宙的解釋——就算是實證主義的那一類——如果要讓我們滿意，一定是要包括事物內外兩面——心靈和物質——才可以的時刻到了。有一天能成功的整合所有的領域的才是真正的物理學。

・德日進《人的現象》p.107

III 心靈之火

我生命中的喜悅和勇氣將會是因為了解到當那兩個要素——神和世界——被放在一起時，祂們會產生一種無窮盡的交互作用，並且突然會發出極強烈的光芒，然後世界所有的深處都會為我而被點亮——一旦一個人在身上感覺到真理的存在，那麼便沒有任何東西可以阻擋它的進入，或阻擋它在任何東西上發出真理的光芒。

・德日進《人的現象》p.6

有那麼一天，在我們掌握了太空、風向、潮水、地心引力的神祕之後，我們會為上帝駕馭愛的能量。當一天到來，人類將會第二度在歷史中發現「火」的存在。

・德日進《迎向未來》p.86~87

摘自二〇〇五年四月九日紐約聖約翰主教座堂舉行的德日進神父逝世五十週年紀念會資料

第三章 宇宙深層意識與量子領域
Consciousness and Quantum Realm

全球文明透過與多元文化的接觸和交流，催促我們擴展並擁抱進化意識的更深意義（evolutionary consciousness）。全息宇宙[1]和量子物理（quantum physics）的發現，讓我們再也不能以直線式的方式思考靈修生活。就如扎龐（Katherine Zappone）所說：「轉變廿世紀靈修意義的關鍵，是在於一個相互依賴關係的世界觀所誕生的；更廣義來說，靈修是由生活經驗及關係所構成的。」[2]宇宙萬物深深渴望，並由心中呻吟尋找彼此互惠的關係。貝里神父認為，「宇宙本身就是人類靈修歷程活動的基本法則。」我相信愛就是追求整體或一體經驗，畢竟「除了愛沒有別的，除了神沒有別人。」[3]天主是超越的、普世的、包容的，然而也同時是個別的。

1. Michael Talbot, *The Holographic Universe* (N. Y.: Harper Perennial, 1992), pp. 32~35, 234, 285, 286~289.
2. O'Murchu, p. 65. Katherine Zappone.
3. 王季慶，〈新時代思想之靈修生活〉《神學論集》135期（2003春），137~138頁。

圖十五　全息宇宙

宇宙的基本材質是「意識」，不是物質，一切都是「關係」，「靈性與鮮活的經驗有關，並由它構成」④，在生態與行星（量子術語）層面，這是由所有的關係發散出泉源的領域。創造本身是首要的啟示，我們如何能回復宇宙的神聖本性，特別是將地球回復到它的自然本性，是我們這一時代中重要的靈性挑戰。宇宙的危機有賴我們聆聽的能力，我們教會的首要使命是，對世界及不斷從世界中浮現出的神聖面貌保持專注；本質上來說，這是耶穌在「新約」中所說「天國」的啟示⑤。在一個量子的宇宙，生生死死，死死生生，是永不止息的過程。靈性的開展是一個有影響力及歸屬性的普世性領域，我們都在其中，它地毯式地（或網狀式地）結合我們的存有以及整個受造物。

靈修是關於「悟」以及釋放，關係性的連結是一切所有初期生命形式的核心因素。物理學上所謂的「夸克」只有在關係中才能存在，我們的大自然是在能量的內在關係中形成的。由下圖很明顯地可以看出來，我們所信的天主有三幅度的面貌，而這三幅度，基本上要說神就是以關係方式存在的。天主聖三就是關係的能力，也就是一種有形與無形之間的運行。這有形與無形之間的運行能力就是我們所說的聖神之動力了！所以看出大自然，我們的意識和天主／神的互動是在各種關係中連結的。倪勝民（Adolf Nicola）神父說過：「哪裡有痛苦，那裡就有耶穌；那裡有奧

4. O'Murchu, p. 65. Katherine Zappone.
5. ibid. p. 75.

圖十六　天主聖三的關係（Sr. Maria Van Galen, fmm作品）

祕的靜默，那裡有天父；那裡有愛的舞蹈，那裡就有聖神。天主聖三共融的愛就是在這三個關係中運行。」⑥

宇宙深層意識與量子領域

從冰山圖來看人的意識層次，據說整個人的心理，只浮現冰山一%的意識，有九九%的創造能量是隱藏在潛意識裡。黛娜・佐哈（Danan Zjohar）⑦說：「我們的意識有不能破裂的整體特徵，它容許我們的經驗聚合在一起。」玻姆（David Bohm）也說：「透過能量潛能的行動，整個的系統有如芭蕾舞蹈的韻律，而非無組織的群眾。」受到生活在功能異常的全球環境的影響下，我們今天的社會、家庭的功能也受到阻礙。為了治癒這些傷害，我們必須經歷一個真正的心理生態歷程。

若能認識自己就能認識一切。參見冰山圖，可以看到心理的三個主要部分：意識、潛意識和集體潛意識。必須探索隱藏在日常生活中的行動、思想、感受的表層之下的東西，當發現任何的內心感受，如恐懼、憤怒、哀傷，不要逃避它，要自始自終追蹤它，好能更清楚的了解這些感受的來龍去脈——「家族史」，當此路不通時，得另覓蹊徑。當挖掘到情緒至深的任性

6. Adolf Nicolás, S.J. 2006在馬尼拉為司鐸研習會演講之摘譯。
7. 生於1944年。在麻省理工學院取得物理學及哲學博士，在哈佛大學做哲學、宗教及心理學的博士後研究。2002年倫敦《金融時報》評選入「全球最重要管理思想家五十人」。

和狂野的根，就會覺知到有罪的自我，從靈而來的懺悔就發生了。懺悔是一鐽一鐽的將罪根挖除，耶穌用自己的生命填補我們，使我們成了幸福的罪人，不感到害怕，若能勇敢面對有罪的自我，便能自由地去接受天主的仁慈，因而得以釋放，除了面對祂，不可能有任何的治癒。

人必須經驗一個健康的環境，才能得到一個真的治癒，我們的生活型態耗盡我們心理生態的能量，因為事實上，我們的生活是受到環境的綑綁，我們仍然沒有辦法到達浩瀚的心理生態和宇宙潛意識。在我們的傳統裡，天是我們的父親，地是我們的母親，萬物是我們的兄弟姊妹，而整個的宇宙是我身體的延伸。所以，整個天地和萬物的核心的親情關係，帶領我們走向無邊無界的慈悲Ω（The Omega）。

意識層（Consciousness）

根據榮格心理學：人的心理有如一座冰山，人所意識到的，只有浮在水面上的那個部分，稱為意識層；大約只占人的一％，此意識層有我個人的理念、觀念、思想、記憶，以及可感受到的表面意識與別人的期待，因此又稱為「面具」（persona），是人格中發展及互動的部分，也是自我及外在世界的中介、內在自我的保護層，和我所扮演的角色等。榮格相信意識層次的能量不能單獨存在，而必

人是天主的肖像　每一個人是一個小宇宙
人的心理，越有人性，越有神性
意識層(Consciousness)
面具＝表面意識
＝人格中發展及互動部份
＝自我與外在世界的中介，
內在自我的保護層
意識中心
我的理想
別人的期待
EGO
面具
觀念
思想
記憶
感受
角色認同
下意識層(Unconsciousness)
睡著的巨人
如何得著我們生命的能量
罪0天份是一體的兩面
那無人關心的受傷孩童是人類苦難的根源(John Bradshaw)
引出內在的你，你將得救
不引出內在的你，留在裡面的將毀滅你（諾斯替福音）
自我疏離 → 和好
個人壓抑，心理殘渣
過去小時未整合（消化）之經驗
0．3．5 歲等
未解決的問題→陰影→中年問題
真我／人格中心
集體潛意識（Collective Unconsciousness）
地下溪流，滋養個人生命之泉
道＝"大我" 我們"
真能量的泉源 "超越的自我"
神
天主教瑪利亞方濟各會李碧圓修女製作

圖十七　冰山

須仰賴潛意識才能呼吸，這層次也可看成是我們的IQ部分，因為我們的教育在傳統上較注重智力的發展。

潛意識層（Unconsciousness）

從我們生命開始的第一天——母親開始懷孕起，在母親的肚子裡，我們就感受到母親的情緒，這些經驗有如烙印般留在我們的細胞裡⑧。從〇歲到三～五歲時是成長過程中很重要的情感培育期，古代尚未有心理學，但我們長輩常說，三歲定終身是很有道理的。如果一個嬰兒所承受的消極經驗被壓抑下來，就會成為日後心理的殘渣。那些小時候未整合或消化的感受經驗，以及未解決的問題，日後都成為我們生命中的陰影。到了中年，問題就愈加明顯，這是人最易受傷害的部分，通常是人不認識自己的部分、不自由的部分，所以也是較自私的部分。在我們的下意識裡，隱藏了一些恐懼、焦慮、憤怒、自我防衛等，這一層次有如睡著的巨人，是我們能量的核心，但尚未甦醒過來。我們靈修的主要工作，就是穿透這個部分，因為它阻礙我們與真我相遇，而活在假我的面具中，這部分也使我們與自己疏離，其實，我們最大的敵人是我們自己。約翰．布雷蕭（John Bradshow）⑨說：「那無人關心的受傷孩童是人類苦難的根源。」至於我們的靈修生活，這個層次是最重要和

8. Joseph Chilton Pearce, “At the Frontiers of Consciousness,” Shift (The Institute of Noetic Science, June-August 2004), p.19.
9. 1933～2016。美國教育家、作家。主持過美國公共電視（PBS）許多有關成癮、依附、療癒等主題的節目。他的名著包括《家庭會傷人》、《走出成長的迷思》等。

微妙的部分。我們所有的傷痕，只有在無條件的愛中才能被治癒。耶穌帶著祂的脆弱來到我們當中，為顯示天主無條件的愛，在祂全然交付自己的生命中，祂邀請我們走上這條容易受傷的道路，但我們常是不容許自己受傷害。我們的潛意識基本上是沒法靠自我防衛的，所以非常脆弱易受傷害，但也是我們生命中極重要的部分。

記得有一位耶穌會的省會長卜米高（Michael Buckley）神父⑩，曾寫一封信給即將踏入牧職工作的神父們，問他們說：

「你們足夠軟弱去從事這項牧職工作嗎？……就如《希伯來人書》所描述的，基督承受苦難並受過試探，他才能幫助受過試探的人，因為靠匱乏不足而活，是我們聖召的一部分！要不然，我們的生命就會俗化到只充斥著渴望和才能，以為自己的軟弱是我們聖召上的威脅，而以為我們的聖召是靠自己的能力、學歷等可以慷慨及忠信地完成我們的聖召，其實聖召不是靠我們的能力。」

其實，我這裡所講的軟弱，並不是指罪中的軟弱經驗，而是要意識到自己深感無能去做什麼或護衛什麼，甚至在對自己想要達成的目標，經過一番努力後，仍感到無法去掌握、執行和影響的一份無能感，無法確保自己的未來，沒辦法保護自己，無法過著明確、有保障的生活，也無法避免羞辱和受苦等。

10. 1937～2019。美國耶穌會士、哲學家、神學家和教育家。他在1970年代寫的這篇文章影響力極其深遠，經常被引述。

曾有人針對蘇格拉底和耶穌之間做一個比較，針對他們的人性高超程度做一個判斷。蘇格拉底平靜、接受法庭的判決，從容地死去……最後喝了毒藥而身亡。而耶穌的情況恰巧相反，他幾乎是驚恐到歇斯底里的地步！尋求朋友的安慰，想脫免死亡，但他甚麼也沒得到！最後他克服了自己，在孤獨中默默接受他的死亡。誰真正經驗人性的軟弱呢？他說，我相信耶穌活出真正的人性會有的『人的軟弱』，但也是真正的復活！我們牧靈人員也必須擔負人性的痛苦，如同人類生來就軟弱，因為人們必須學習成為基督的身體。聖體就是基督的身體。一個為我們擘開的身體、為我們而傾流的鮮血、一份自我犧牲，唯有經過自我空虛才會生出效果。因此，這就是基督擔負痛苦和被人擘開而流血，這兩個行動使他的司祭職得以生效，使他的聖體實現。我們從事牧職的力量，就是來自我們人性的軟弱和經由這份軟弱的歷程。這是多麼矛盾的奧祕啊！聖體就是耶穌的靜默、耶穌的軟弱。」

大體來說，我們的社會是以成功為導向的。我們常習慣用成功、失敗來形容人性生活和經驗。其實在我們的生活中，並沒有真正的成功，只有成長或停滯。我相信從我的過錯、失敗中，比在成功中學到更多的東西。在我們的成長歷程中，如果你真正愛人，你一定會受傷。如果你不要有受傷的經驗，那只有兩個地方可去：要麼去天堂，要麼去地獄。其實我們的心之所以受造，是為被劈開的。

《負傷的治療者》一書中有一個圖像，本來是出現在《塔木德》（*Talmud*，猶太人的《法典》）[11]：

肋未家的約書亞在西默盎洞穴入口處碰到厄里亞，他問厄里亞說：

「默西亞何時會來？」

厄里亞答：「你自己去問祂呀！」

「祂在哪裡呢？」

「坐在聖殿的大門前。」

「我怎麼能認出祂呢？」

「有個人，他滿身傷痕，與窮人坐在一起。其他的人把傷口全部解開，然後又再慢慢把傷口都包紮起來。但是他卻一次只解開一個傷口，把它包紮好，且對自己說：『也許有人會需要我，所以，我必須隨時準備好。免得耽誤時間。』這個人就是默西亞了！」

11. 盧雲，《負傷的治療者》（香港：基道，1998），85頁。

這個圖像聽說是取自沙漠教父們豐富的靈修傳統，這個傳統非常了解人性的限度；我們是透過耶穌的傷，被治癒了！我們永遠無法一次完全被治癒，或是不會再受傷了，而是一次又一次地受傷，被治癒，又受傷，只是一次又一次更深地體會耶穌那無條件的愛和慈悲，叫人欣慰罷了。通常我們不能寬恕別人，是因為我們不能寬恕自己，當我能寬恕別人時，我就釋放了一個囚犯，就是我自己。諾斯替（Gnostic gospel）福音內有這麼一句話：「引出內在的你，你將得救，如不引出內在的你，留在裡面的，將毀滅你。」⑫是很真實的。越意識到我們的下意識，越讓它浮現到我們的意識中，我們就有機會面對真實的自己。下意識層次的上升／浮出，就是向深淵的探索。聖安東尼說：「能認識自己，就能認識一切。」通常我們的意識層是屬於左腦的工作，而下意識是右腦的工作，是包容對立性的，而這兩者常是矛盾的。狄帕克・喬普拉（Deepak Chopra）⑬說：「真正的治療是超越我們一般對和錯、好和壞、痛苦和享受、愛和恨的觀念，而必須使相對的兩極得以喜樂活潑的共存修和，使生命成為一個有意義的經驗。⑭」

生命本身是矛盾的，在生命的有機體中，相對性是必要的，這就是陰陽論所要談到的。而這層次，通常是我們的EQ部分。老子有一句話說：「為學日益，為道日損。」在意識層次裡，「為學日益」，表示人的學問愈高，知識累積愈多愈有益

12. 最古老的諾斯替福音書應該是《多默福音》，大約在西元150年寫成，亦即馬爾谷福音寫成之後的100年，是諾斯替主義的產品。
13. 生於印度，1970年代移民美國後，擔任醫生，並曾任職新英格蘭醫院主任。後專注於身心靈治療，著作等身，著有《第三位耶穌》、《世界在你之內》等。
14. 請參見一九八九年喬普拉著作《量子療癒》（*Quantum Healing*，N. Y.: Bantam Books）

處；但是「為道日損」，是道行的操練，每天的操練是靠放下、自我空虛、自我捨棄的淨煉；事實上人的軟弱就在這裡，除非靠天主，我們無法超越它。因此。靈修生活最重要的是內在的旅程，內在的自由，與真我接觸，就會同時經驗越深入大地，也越進入天心，天地人在深處交融！

集體潛意識（Collective unconsciousness）

這是存在我們人內的共同心理層，它超越個人的下意識，但卻是每個人潛意識的休憩之所。在這裡，有人類經驗的共同心理象徵圖像，這是實質的，榮格稱為「原型」（archetype），是普世性的形式，卻被發現在每個文化中。這就是為什麼夢在我們的靈修旅程中是很重要的。這部分是我們生命的源泉，有如地下溪流滋養我們每個人的生命，是天主聖神的居所，是真理，是無條件的愛，是沒有判斷、沒有分別心，全然慈悲的地方。我相信這是卡蘇稱為「零點」的地方。我覺得這就是我們原祖違命之前的情境，是一個整體的，而原祖的違命就是破壞了樂園的一體性。

榮格主張，「看似巧合而同時發生的事件」（synchronistic events），是在集體潛意識或原形層中。他認為集體潛意識是普世性，也是與生俱有的真實能量。

珍・筱田・博倫（Jean Shinoda Bolen）⑮認為，榮格的真我和「共時性」⑯是「道的心理學」⑰，因為「道」經驗到比我們更大更深的部分。其實這個「道」，是基督宗教的天國願景，是宇宙和我們的連結；換句話說，我們的心理或我們的整體意識是一個小宇宙，是一個不能破裂的整體，它不能分割且不斷的運行。這與老子《道德經・四二章》「道生一，一生二，二生三，三生萬物；萬物負陰而抱陽，沖氣以為和」相似。有一個禪的問題「我是誰？」教宗若望廿三世說：「我比教宗大。」因為教宗只是一時的角色，而我比我的角色還要大。

玻姆說：「人類的意識深處是一體的，除了外觀，我們之間是沒有界限的。在宇宙裡，一切的萬物無限地連結在一起，所有的意識是相連的。」⑱我們的夢也是一種普世性的語言，是為服務人，讓人回到一體；甚至精神病患也能經驗某種整體的事實，因為精神病患的時空感是沒有破裂的整體，他們缺乏一般「正常人」的現實感。

喬普拉在《願望的自然實現》（*The Spontaneous Fulfillment of Desire*）一書中，提到，宇宙大自然存有三個領域：⑲

從冰山圖也可看出宇宙的三個領域（物質領域、量子領域及超越局部性的領域）是不可分的整體。這三領域的互相運作，就是生生不息的宇宙生命。

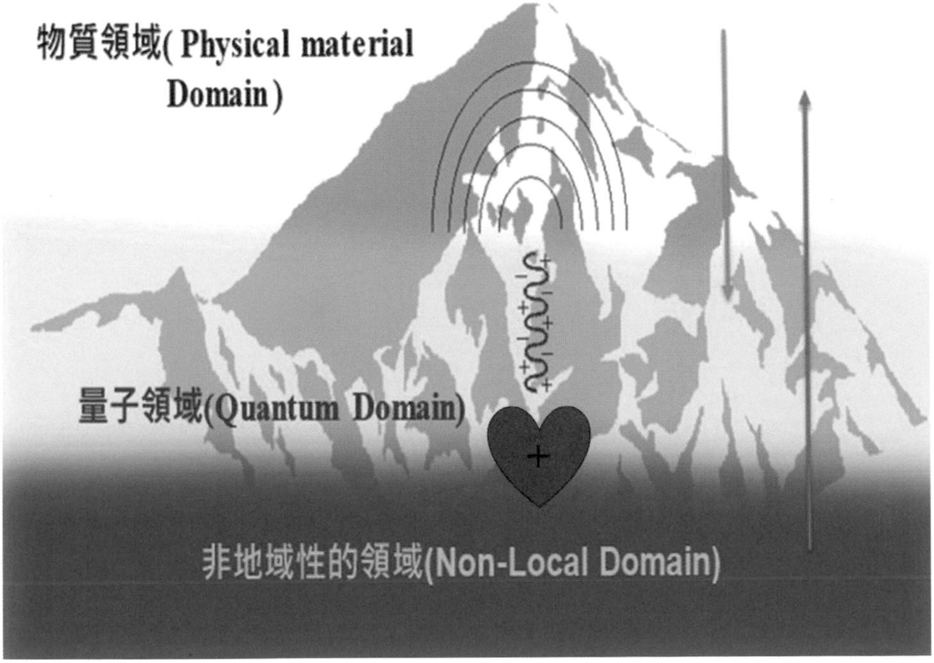

圖十八　宇宙三領域

15. 榮格派心理治療師。
16. 共時性，此詞來自希臘文的syn（共同、與……一起）及chronic（時代）。從字源來看，意即「同時性」，亦有學者譯為「同步性」。榮格將synchronicity定義為「無原因的連接原理」，其中，外部世界的事情，大事和小事，跟單個實驗巧合，可能都是對個人考慮或思想的一種反應。近代有些科學家在量子理論、混沌理論以及分形幾何學等研究領域，發現了共時性的潛在證據，雖然這個觀點現在還不能被任何科學方法證實，但大多數人常常不時經歷令人驚奇的巧合。Mary Schmitt認為："Synchronicity is when God chooses to remain anonymous"。本書譯為「共時性」，主要意涵為「殊相的萬物互為一體，內在以某種相通的頻率律動，許多看似無關聯、卻蘊藏令人驚異的巧合與奧妙，就是synchronicity共鳴的效果」。
17. Jean Shinoda Bolen, *The Tao of Psychology Synchronicity and the Self* (San Francisco: Harper, 1982), p. 22.
18. Talbot, p. 61.
19. Deepak Chopra, *The Spontaneous Fulfillment of Desire*, (New York: Three Rivers Press, 2003), pp.35-46

- **物質領域**（Physical Material Domain, The Visible Universe）

是看得見的物質世界，即：有清楚的界限、包含三個空間向度、是在我們五官經驗之內的、非永久性、有其開始、終結，像是一直線式的時間觀。

- **量子領域**（The Quantum Domain）

一切皆由資訊和能量組成的，即：在此領域的一切都是「非實體的」（insubstantial），也就是不可觸摸、無法由五官來察覺的。例如：你的自我（self）、感性、理性、思想、心靈、ego等，就是這個領域。這些都非物體形態，但你知道，這是「你的實相」。事實上，宇宙中一切看得見的東西，是量子領域中的能量和資訊的顯現；換言之，物質世界是由資訊和能量構成的。意即愛因斯坦的相對論$E=MC^2$，所以物質和能量是相同的東西，只是不同的形式而已。一切皆由一組（套）資訊和能量的波（wave）形成。量子（Quantum）基本上就是能量，在物理學中，量子是參與基本相互作用的任何物理實體（物理性質）的最小量。量子的概念，皆涉及一個不可分割的基本個體。是在全息宇宙和共時性中運作的波動能量。換句話說，宇宙萬物都是能量構成的，能量的流動和量子的糾纏（Quantum Entanglement）[20]，或說量子是訊息系統，例如祈禱等。

20. 請看專欄一。

又如：你坐的椅子只是由能量和波動的頻率形成的；量子領域的發生是在於光速，能量的不同資訊是靠波動的頻率……在深層裡，我們與世界的一切東西是沒有界限的，我們的認知常受限於五官的三個向度的知覺，例如：當我們看到一面旗子飄揚，但是旗子在動還是風在動呢？都不是，而是意識在動。能量的不同資訊是靠波動的頻率，如收音機、電視、手機、無線網路……等等。又譬如，巴西的蝴蝶的翅膀撲拍，會造成美國德州的龍捲風，這就是所謂的蝴蝶效應，是我們肉眼看不見的隱藏的影響，但可造成巨大的後果。

在深層意識裡，我們與世界的一切東西是沒有界限的，但我們的眼睛常受限於我們五官的三個向度的知覺。又如：小小的手機就能傳達我們的聲音、資訊、影像至全球各地，這在四十年前豈不是科幻電影？其實，我們的心靈是一個能量與資訊的場域，每一個理念，每一種顏色都是由能量與資訊形成的[21]。這些非實體的波充斥在我們的世界中，只要頻率相同就會呈現出來。這不就是今天網路無遠弗屆的奧妙嗎？今天的各種高科技的電子產品，如機器人AI就是運用量子原理，所以今天全世界對晶片的需求變成極大的議題。

21. Energy is coded for different information depending on how it vibrates. So the physical world, the world of objects and matter, made up of nothing but information contained is energy vibrates at different frequencies.

為我們的信仰，祈禱是產生能量最強的一種方式，當我們能同心合意的祈禱時，其能量會更強。但詛咒也是有能量的，但那是消極的能量。我們的身心靈是不可分的整體，因為一切的波都相互影響。

• 超越的領域／非局部性領域（The Non-local Domain）[22]

這個領域是由智力或意識組成（intelligence or consciousness），也可被稱為德行領域，或靈性領域（virtual domain or spiritual domain），是一個潛能的場域，一切資訊與能量都由這潛能的瀚海中浮出。大自然中最基本的不是物質，也不是能量和資訊場域，而是純粹的潛能，這是超越領域的事實層面；它超越時、空，它不在你內或在你外，它就只是「是」，即存有本身。

靈性領域的智力將「能量湯」（energy soup）組成可認知的本體（knowable entities）。超越領域的事件具有三項重要的特質，即：無需媒介（unmediated）、不會消弱（unmitigated），並且具有立即性的核心關係（correlation）。超越的智力是立即的，無所不在的。當我們省視如何活在此層次時，我們就能自然地實現我們的每個願望，可創造奇蹟。所有的經驗都是「超越（非地方）」事實的地方性投射，而這非地方性的事實，是一個單一、合一的潛能，一切都是不可分的整體；宇宙是你的意願的巨大反射，

22. 按英文原文是一種否定的表述，直譯為「非局部性領域」，但根據整篇的意義，談論的是全面、整體及超越的領域，我認為更好採肯定的表述，故暫譯為「超越的領域」。

是你的心識；換句話說，是一切的靈魂（the soul of all things）。

靈魂之本性（The Nature of the Soul）有如海洋之浩瀚，在這兒沒有自私的我（ego），浩瀚的大海洋代表非地方的整體性，波浪代表地方性，這兩者親密地關連著，而這寬闊、非地方性之靈魂存在於精神層次，它是有力的、純粹的、萬能的，而個人的地方性的靈魂則存在於量子層次中，我們的情緒並不是出自我們，情緒只是經由回收（recycled）的能量，它來來去去，是根據情境、關係而產生的，所以意向、想像、悟道、直覺、靈感、意義、目的、創造、了解等，都不是和我們的腦子有關，而是透過腦來組織他們的活動，他們實質上是屬於非時空、非局部的領域。

我們因為有理性，因此傾向以思想來創造故事，事實上，我們的故事是來自於關係的來龍去脈，以及由記憶和過去的經驗所引發的。你是由你的最深渴望所形成的，所以你的渴望也是你的意向。真正的意向是來自宇宙靈魂，在個人的靈魂中落實，最後透過個人的心靈表達出來。我們的注意力創造了能量，意向則帶來能量之轉變。即所謂的意到、氣到、血動；換句話說就是：意向能促成能量的轉換。一旦你的身體變成你的靈魂而不是自我（ego）時，你就會有一切的智慧，你就是一個治療者。意即當我們整個的人是一體

（指身心靈的一體）時，我們就是密切與主結合為一體。換句話說，一個人若能把神靈的境界和物質的世界結合，就能看到整個世界是神蹟。

基督宗教復活的耶穌基督就是在這個領域裡；祂無所不在，處處都在，也是一個真正的治療者；祂的復活升天，就是表達祂進入這個領域。聖母的升天，其實也是表達我們的肉身會死而復活升天的可能。所謂的物質領域，量子領域和超時空的非局部性領域是一體的，耶穌在復活後說不要抓住我，我不去，聖神不來，意思就是要進入另一個領域（超時空領域），聖神會來啟示我們一切的真理。例如，《聖經》中耶穌在加里肋亞湖平定大風暴的的奇蹟故事，就是耶穌將這風暴事件提昇至超越的領域。又如《瑪竇福音》中，耶穌顯聖容，他的面貌發光有如太陽，他的衣服潔白如光……顯示耶穌已超越了物質的領域，也就是靈性領域。

喬普拉從量子的觀點，認為人是要不斷的成長，直到永恆不間斷的，當一個人停止成長就是老了。怎麼說呢？從人的肉身來說，是屬物質領域，有一天要被轉化為量子的領域，甚而到靈性的領域，這是我們認為永恆與天主同在的天堂！我們中文世界常常在無法表達人和人之所以然時，會喜歡用的詞彙就是「緣份」。多年前，我曾收到友人送我的小詩如下：

「生命」是奇蹟，
能夠在浩瀚的大海中相遇，
是一絲折不斷的「緣份」牽繫，
盼我們永加珍惜。
在我們生活的世界中，
我們可以看得到、摸得到的世界以外，
還有個世界，這是一個趨向永恆的是世界。

在這實質與超脫的二個世界間有許多牆，
有時候，某些事物會穿越這些牆，展示在我們面前，
是超乎我們人類目光所及界限之事務。

每一個靈感，
每一個神聖之愛的火花都是從神祕中爆發出來，
沒有人能解釋。
在人生平凡的路程上，會有突然的榮光降臨你身上，
是刺穿那些奇幻的牆，照射進來，散發片刻的閃光。㉓

23. 輔大大傳系忠忠寫於1980年11月7日。

我覺得這小詩所體會的「緣份」，就是有形與無形世界的同步發生關係，我們無法解釋的就說是緣吧！緣份其實也可說是一種看不見的吸引力。

整個地球是一個有機整體，剝削了她的神聖品質就會分裂宇宙的整體秩序。如何增加內在的覺醒力，是個人內化力的關鍵。所謂的：「相隨心生，力隨意轉」。我們生活的品質是在於我們的覺醒力和注意力。宇宙萬物的關係在於個別的獨特性和內化力，換言之，其個別的獨特性和內化力越深，其共融關係就越好。我們的集體潛意識有如一個無限的地鐵，它帶領我們回到過去，甚至可以發現我們的前世或超越個人的經驗。格羅夫（Stan Grof）[24]認為：「全息化的（holographic）過程和原型所產生的方式是有關聯的。」我們實在很難相信，穩定性的傾向是某些思想漩渦偶而固著在我們意識裡的緣故，因此一個強而有力的漩渦，可以在我們滔滔不絕的創造意識中產生阻礙。羅伯特・蕭（Robert Shaw）說：「除非你有正確的隱喻去了解它，你就無法看見事實。」宇宙的三個領域是不可分的整體。物質領域從全息的宇宙觀來看，我們實際上的生活是在錯覺中的，但這也是人必經的路程，從幻想到真正的祈禱的過程。

24. 1931年生於捷克，後移民美國。他是精神科醫生，以非常規心理狀態用於心理治療。

第二部分
人：人生道上與宇宙同行
Synodality with Cosmos

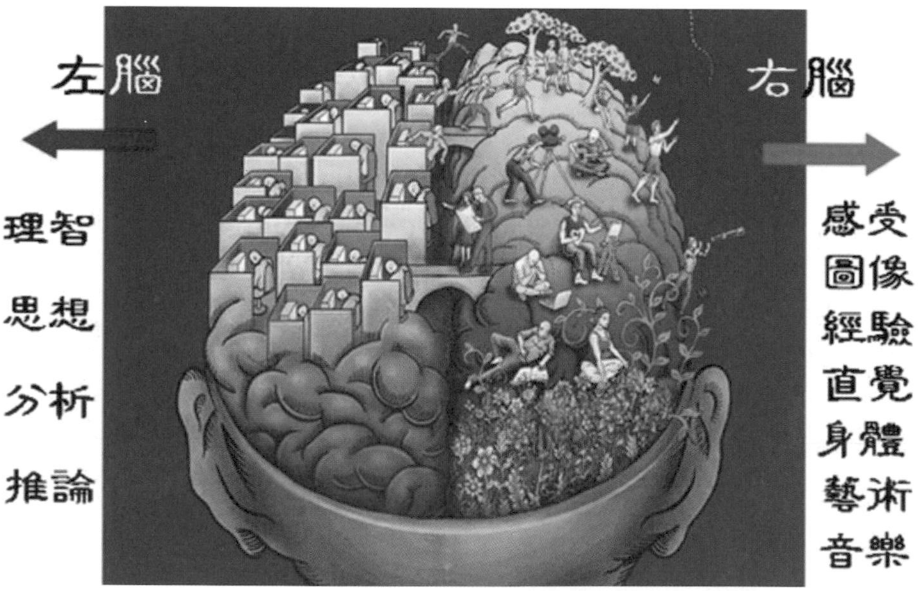

圖十九　左右腦

第四章

左腦和右腦／全腦與生命

Left and Right Brain

根據專家研究，人的大腦分成左右兩側，分別掌管不同的事情，左腦偏重於邏輯思考，右腦偏重於圖像式思考。

腦分為左、右兩半部，而左右腦平分了腦部的所有構造。左腦與右腦形狀相同，功能卻大不一樣。左腦司語言，也就是用語言來處理訊息，把進入腦內看到、聽到、觸到、嗅到及品嘗到（左腦五感）的訊息轉換成語言來傳達，相當費時。左腦主要控制著知識、判斷、思考等，和顯意識有密切的關係。右腦的五感包藏在右腦底部，可稱為「本能的五感」，控制著自律神經與宇宙波動共振等，和潛意識有關。右腦是將收到的訊息以圖像處理，瞬間即可處理完畢，因此能夠把大量的資訊一併處理（心算、速讀等即為右腦處理資訊的表現方式）。一般人右腦的五感都受到左腦理性的控制與壓抑，因此很難發揮即有的潛在本能。然而懂得活用右腦的人，聽音就可以辨色或浮現圖像、聞到味道等。心理學家稱這種情形為「共感」這就是右腦的潛能。

如果讓右腦大量記憶，右腦會對這些訊息自動加工處理，並衍生出創造性的訊息。也就是說，右腦具有自主性，能夠發揮獨自的想像力、思考，把創意圖像化，同時具有做為一個故事述說者的卓越功能。如果是左腦的話，無論是你如何的絞盡腦汁，都有它的極限。但是右腦的記憶力只要和思考力一結合，就能夠和不靠語言的前語言性純粹思考、圖像思考連結，而獨創性的構想就會神奇般的被引發出來。

日本教育專家七田真教授相信，人類的右腦具有不可思議的能力……所以，當孩子還在準媽媽的肚子裡時，可以通過母子之間的愛的感應，開發孩子的右腦能力……提倡「右腦教育理論」……而解開右腦祕密的鑰匙在於「潛意識」，右腦和潛意識是有關係的。

七田真認為，這個宇宙存在著所謂的「宇宙情報」，所謂的宇宙情報是指宇宙創始以來有關宇宙的全部記憶，這些記憶（情報）變成波動在宇宙裡飛舞，由於人的腦中也會發出腦波的波動，如果人的腦波和宇宙的波動同頻，各種宇宙情報就會進入右腦，而且會輸入到右腦的潛意識中，進而湧現圖像。如果能夠把宇宙情報從潛在意識取出來並轉換到左腦的顯在意識裡，那麼將會成為一個「超能力者」。

右腦是印象的腦，它擁有卓越的造型能力和敏感聽覺，所以它有絕對的音感，也因此右腦又被稱為是「藝術的腦」。右腦運作能力強的人，往往容易成為畫家、作家和音樂家，在音樂的世界裡，通常被稱為天才的人，大多是右腦運作能力比較強的人，而這是和智商的高低沒有任何關係。有些神童被認為具有「超能力」，是因為運用右腦思考的結果。每個人在小時候右腦其實都非常發達，但很遺憾的是，由於人類習慣左腦教育，使得右腦的能力漸漸萎縮。那麼，已經習慣左腦思考的成人，是不是還能找回右腦失去的功能呢？答案是可以的。只要多多進行圖像式的思考，將大量的資訊用很快的速度輸進電腦，就可訓練右腦的圖像能力，因為以超高速刺激來輸入時，能夠瞬間抓取的右腦就會活絡起來。神奇的右腦門閥一旦打開，不能就此不管，而是要時時進行圖像式的思考，才能繼續保持右腦的能力。

至於甚麼樣的成人比較容易打開右腦呢？七田真認為，「心思專注、純真沒有成見的人，比較容易進入神奇的右腦世界。」所以我們看到擁有一般成人稱奇的「超能力」的是在現實世界中，摒除成見，專注無雜念，讓心回到最初原始的單純，時時做圖像式的思考，有一天，會突然發現，自己變得很有想像力，很多看過一眼的事物，竟然歷歷在目，那麼，是已經打開右腦，變成一個左右腦平衡、思考與創造力並重的全腦人……右腦教育的基礎是愛與一體感應。右腦潛藏著左腦所未具有的驚人潛在能力。右腦教育和以灌輸知識為主的左腦教育不一樣，它的功能在於激發孩子與生俱來的潛在能力。

西元一九八一年諾貝爾醫學生理獎得主羅傑・史貝尼（Roger W. Sperry）教授將左右腦的功能差異進行了歸類整理：

右腦（本能腦，潛意識腦）控制：

(1)圖像化機能（企劃力、創造力、想像力）。

(2)與宇宙共振共鳴機能（第六感、念力、透視力、直覺力、靈感、夢境等）。

(3)超高速自動演算機能（心算、數學）。

(4)超高速大量記憶（速讀、記憶力）；

左腦（意識腦），知性、知識、理解、思考、判斷、推理、語言、抑制、五感（視、聽、嗅、味覺、觸覺）均由其控制。

傳統式教育方法，以填鴨式教育以及死記硬背方式使九五%的人荒廢了右腦，「左腦人」將會被電腦所代替，因此開發大腦潛能的重要途徑在於開發右腦的功能。我們日常生活、工作、學習中一些習慣性行為，包括吃飯、執筆、思考、學習等使我們更好的開發了左腦，而右腦處於靜止狀態，隨著年齡的增長，右腦所具有的能力將會逐漸消失，但是如果能想設法促使右腦前頭葉部分產生α波，並有意識的加以運用，我們就有可能激發我們的右腦……」①。台灣目前開發蒙特梭利教育或其他另類學校等，主要是開發右腦教育吧！

吉兒．泰勒（Jill Bolte Taylor）②在她的新書《全腦人生》裡有更深廣的研究，指出今天的電腦已影響到人腦了，人的社會已經達到人類與科技融合的轉捩點。吉兒把人左右腦的分類成四大人格，讓這四大人格，發揮互補功能，健全我們的身心靈。她認為我們其實是會思考的感情生物，不是有感情的思考生物。③

我們的左右腦要平衡發展，快速知識和資訊太多就會陷於不覺，在教育上我們太重視知識的灌輸。在《聖經》中有關吃禁果的故事，看起來像是天主不要人吃祂所造的知善惡果嗎？其實不是，是人吃了這果，會有像天主一樣多的知識，對，我們或許可以有跟天主一樣多的知識，但卻沒有像天主一樣多的愛，這就產生了問題。愛是先於一切的，不是知識。

1. ◇(http://www.dajiyuan.com)11/9/2005 8:23:58 AM
本文網址: http://www.epochtimes.com/bt/5/11/9/n1113373.htm
2. 《奇蹟》作者，美國神經解剖學家。該書描述她自己中風之後康復的過程。
3. 參考吉兒．泰勒的新著作《全腦人生》，李穎琦譯，遠見天下文化出版，2022

雖然我多年以前就經驗到要從腦的知識消化到身心靈的脈絡是很難的，到今天，活到人生的後階段，我更明白生命的歷程是從頭腦走到心的路程，也是我一輩子的路，是我們信仰靈修之路。我相信全世界最遠的路程真是從我們的頭腦走到心的路程。也是理性和感性整合之路吧！

其實知識、學問可以很高或很多，但這常意味著掌控更多，而愛是不能掌控的，愛是靠接受和包容的能力。事實上我們非常需要「非理性的自我」，這是一個愛的場域，是我們真正的家。一個真正的家是讓人平安、沒有壓力、自在放鬆、沒有判斷的地方；無論我怎樣，我都被接納。當你呈現無聊和疲累時，就表示你不在聆聽你的直覺。當你把想要作的有意義的事，放一旁時，你的感受才會穿過你的心，而甦醒過來。事實上，處在絕對的安全感中會抹殺生命。因為人會以自己的生命活出意義來。換句話說在愛中的表達和沒愛的表達是截然不同的。也可以說，愛能誘發出不一樣的創新（Love brings everything unlike itself）。

知識的陷阱是阻礙經驗進入真理。我們一般傳統的教育系統，較強調左腦的功能，所謂的IQ。但在實際生活中，我們也有意識或無意識地用右腦，是本能或下意識的反應，較具有包容對立性的功能，我們稱之為EQ。是七田所說的右腦，其祕密的鑰匙是「潛意識」；左腦是二元對立性的思考，而我們實際上需要兩者的平衡。

但我們理智上的思考常是分裂的，會產生有如聖保祿說的：「該做的是，我們常不做；不該做的事卻常去行。」這就造成生活的矛盾與張力。

我們一直誤以為應該用聰明才智指導生活，而非聽從直覺的判斷。以前的科學無法驗證直覺，因為直覺超越了理性客觀的制約。科學家愛因斯坦論及相對論時的靈感來源時表示：「我並非透過理性思考來了解宇宙基本法則的。」又說：「理性是忠實的僕人，直覺是上天的恩賜。但我們創建的社會卻是尊崇這個理性的僕人，忘記這項恩賜。」哲學家威廉．詹姆斯（William James）也曾指出，除非善用直覺，我們永遠無法一窺宇宙的真貌。魯米（Rumi）[4]說：「在是非對錯的想法之外，還有一片原野（wild space），我會在那裡與你相遇。」我深信，有越來越多人會渴望這片原野，以及這樣的相遇。比約恩．納提科．林德布勞（Björn Natthiko Lindeblad）在他的書《我可能錯了》中說：「正確從來不是重點，瞭解自己一無所知，就是智慧。」「知識對自己所知的一切感到驕傲。智慧在自己不知道的一切面前謙虛。」[5]

瑪莉．奧利弗（Mary Oliver）[6]有句話常在我心：「告訴我，你計畫如何度你那又野但珍貴的生命？[7]」我們那尚未被馴服的野性感受是很珍貴的，因為那位馴服的野性或情緒是充滿生命的活力和精神能量的。這些野性不需要都發揮，但須

4. 伊斯蘭蘇菲派神祕詩人。
5. 比約恩．納提科．林德布勞等，《我可能錯了》，先覺出版，2023. P.90，79
6. 1935～2019，美國詩人，曾獲普立茲獎及美國國家圖書獎。
7. Tell me what you plan to do with your one wild and precious Life?

被馴服和導向的，有如一匹野馬須被馴服一般。又如，我們那豐富的情感有如水，水若好好引導，可灌溉農田或水力發電等等非常有用，但若沒有好好引導，就會氾濫成災。我們那珍貴的情感生命也是如此。

我很驚訝在十三世紀，有人問聖文德（St. Bonaventure）說：「救恩如何能體現？」他回答說：

「要由恩典，而不要由學問中求取答案；
從熱衷而不要由理性以期解決；
從專注地祈禱的嘆息，而不要依賴讀書和研究；
要請教新郎，而非請教老師；
要求於上主，而非求於人；
要請教黑暗，而非光明；
一切的關鍵不在於光，而是火；
將全人燃燒起來的火，並以恩典和炙熱的情感，
將整個的人帶到上主面前的火。」⑧

8. 摘譯自* *The Journey of Soul towards God* (Bonaventure)]

相信當時的聖文德深深明白不能用理性找天主，而要在真實感受中經驗天主的恩典。我相信右腦世界的開發，是在中古早期就有的智慧，只是中世紀以後直到今日發展左腦理性世界幾乎到了極致，交會在十九至二十世紀初，更是剔掉一些神祕經驗而導致信理的發揮，使得信仰失去其內在的精髓。

我們每個人都有盲點，看不清楚宇宙整個生命的全向／全方位（思想角度，情緒狀態，身體情境……等）。有如六個盲人摸大象，每個人只摸到一部分……但沒有人是摸到整體的……，因為我們只能從自己的經驗角度來看事。大部分的人都被教導成為崇尚理智的巨人（The Tyranny of the Rational Mind），因為這樣往往才能在社會上較被接受，只要是合乎理的似乎都是對的，但是人實際上的生活是受到超理性的引導。愛因斯坦說，直覺比智商重要。他從未用理性新發現過任何東西。「我們常會害怕混亂，因為混亂會帶來不安，但多時秩序會置我們於死地。如果我們的生活能少一點握拳，多點鬆手；少點控制，多些信任。少點必須預先知道一切，多一些順其自然，我們就可多擁抱生活了。」⑨

彼得・聖吉（Peter Senge）、奧圖・夏默（C. Otto Scharmer）、約瑟夫・賈渥斯基（Joseph Jaworski）和貝蒂・蘇・佛勞爾絲（Betty Sue Flowers）等四個人共同研討出一條深層動力之路，從頭到心的修練之旅，稱之為U型理論。⑩簡單

9. 比約恩等著，《我可能錯了》，p.119-120
10. Peter Senge, C. Otto Scharmer, Joseph Jaworski and Betty Sue Flowers 合著《修練的軌跡：引動潛能的U型理論》（*Presence*）p.16

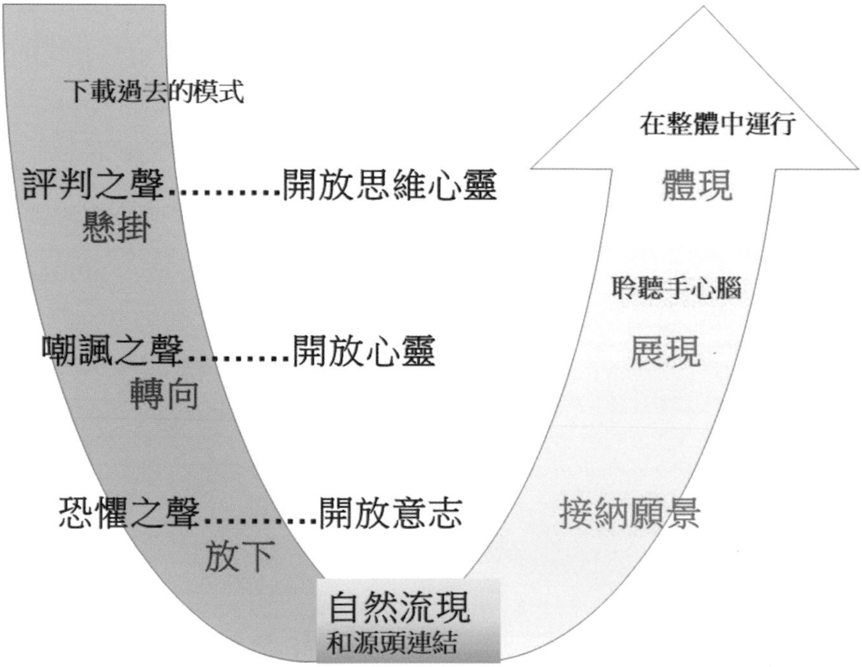
下載過去的模式
在整體中運行
評判之聲..........開放思維心靈
懸掛
體現
聆聽手心腦
嘲諷之聲.........開放心靈
轉向
展現
恐懼之聲..........開放意志
放下
接納願景
自然流現
和源頭連結

圖廿　U型轉變圖

說，就是切斷（懸掛）過去，忘記未來，就在此時此刻，不要有任何判斷，放下生命中不斷累積的包袱（letting go），在這谷底是全然的靜默，沉潛在當下的現實，直到與情境合為一體，達到清明的狀態。然後未來最大最好的可能性便會慢慢浮現。換句話說，我們不必在理智上下判斷，或在情緒中發出嘲諷之聲，或在恐懼中做決定或塑造願景，該做的事會自動浮現，該書作者用「Presencing」，中譯是「自然流現」來表達這自然浮現情境。這是真正的傾聽內在的聲音，讓聖神指引所發生的新願景。我認為這就是天主臨在的情境。換句話說是在整體直觀下傾聽的果實。所謂萬事萬物成於自然。體認自己的天命，認識自己是整個世界的一部分，我們與宇宙萬物是息息相關，環環相扣的。（請看圖廿）

所謂「比武靠思考，必死無疑」（出自《第六項修練》⑪一書序）這句話真是千真萬確，但今天的教育或神學界，大多數人似乎仍在思想理論上努力進取，而忽略全腦世界的整體直覺觀。

我從國王和他的三個兒子的故事來探討我們的左右腦思考方式的矛盾與治療，故事是這樣的：

從前有一個國王，有三個兒子。當每個兒子達到成年時，他要每個兒子出去外

11. 薄喬萍著，遠流出版，2000。

面的世界接受考驗來證明自己的本事。國王以這種方式來看誰能繼承他的王位。

第一個兒子騎馬出去，不久就看到第一個指標寫著：「如果你往左邊走，你將會有足夠的食物為你的馬，但不夠為你自己；第二個指標寫著：如果你往右邊走，你將會有夠你吃的食物，但你的馬會不夠吃，而你的馬會餓死。第三個指標寫著：如果你直率地往前直走，你將會死。」

第一個兒子選擇往右邊走，他的理性想如果自己能吃飽，他能處理任何突然出現的困難。心想如果有任何人必須餓死將不會是他，因此他繼續往前騎直至他的馬走不動了，他自己繼續徒步往前。如此他走到高山上，發現一個銅蛇，因為他再也沒發現更大的東西，因此他把這銅蛇撿回去給他的父親。不幸的，國王對這禮物沒興趣而發怒，因為國王認為這蛇除了惹麻煩外沒什價值，後來這兒子因沒有成就而坐了牢。

不久，第二個兒子達到成年，同樣被派出去，已知道哥哥的處境，因此他選擇往左邊走，理性上想他的馬的力量比自己的力量更重要，若最糟糕的情況發生，他自己仍能吃草，甚或吃馬維生。幾個鐘頭之後，他來到了一個村莊，在這村莊住著一位漂亮的女士。當這英俊的陌生人騎馬經過時，這位女士停住他，並邀請他進入她的房子，同時許給他各種快樂的事。這位王子在情慾上很軟弱，他沒考慮太久就接受她的邀請，但很快的他就陷入她的床上，床一翻轉，他就掉進一個地窖裡。而在地窖中，他發現很多年輕的追求者都得到同樣的命運。這第二個兒子就這樣結束了他的人生之路，再也沒有回家。

又過了一段時間，到了第三個兒子，他是被家人認為寡言的，也準備啟程出發進入世界。而國王由於已經失去了兩個兒子，因而有些猶豫是否讓這最小的兒子出去冒險，但小兒子苦苦哀求父親讓他去。最後國王動了心，並給他一匹馬上路。他很快的到了同樣的指標之地，他必須在三個方向之中做選擇，讓馬飢餓，或是讓自己飢餓，或是選擇第三條路，就是去死。

這第三個兒子知道他的兩個哥哥們，一個選左邊一個選右邊的路，結果都失敗，因此他只能選擇冒著去死的危險勇往直前。不久，他來到了一個叫巴巴鴨尬的女巫房子前的路邊，這女巫邀請這個年輕的男孩進入她的家坐一下，歇息一會兒舒服一下。當這女巫想若能讓這男孩卸下武裝，她就能以問題來突襲他，並相信能因此而摧毀他。因此，女巫以天真無知的聲調說：「告訴我，你到這裡來，是你的選擇或是被迫的？」這個王子知道對這個問題不能有理性的答覆，並看到有陷阱，因此拒絕去回答，但卻說：「住嘴！給我拿一些吃的食物來！」

這個沒想到的反擊卻打垮了這個矛盾問題的本然答案和這女巫的魔力。第二天，這王子繼續他的旅程，在路上遇到了很多驚險。許多年後，他回到了他的國王那兒並全然變了，他成為一個全然成熟的人，並準備好承擔作國王的責任。

(Sr. Maria Van Galen, fmm 作品)

在這個故事中，國王可代表意識本身，或是一種普遍性的文化意識。三個王子代表三種不同的氣質／性格在面對生活時會有不同的選擇。而每一個騎士代表他們的理性或智能，是掌控或指示他們行事的來源；三個王子所騎的馬，則是代表他們的感受或非理性的部分。當馬和騎士來到了路標時，第一個騎士的選擇是以付出一切情感的代價來滿全理智的選擇，第二個是相反。

由此看來，我們生活中以理智主導的結果；譬如你選擇的工作，婚姻對象，或如何渡週末／假日等，以理智主導，你的感受會受到壓抑，感到委屈或陷入危險。這種人常會陷入各種「應該」的規矩，由於沒有考慮到感受的因素，而使得理智陷入掙扎錯亂和不安全感中。一個國家或社會當然不能沒有法規，否則會成為無政府狀態，但是卻往往忽視感受或壓抑感受，卻也造成非理性的抗議。過分的強調理智的法則所帶來的後果是彼此的冷漠無情，僵化或腐化的制度，最後導致死亡。

這個故事要告訴我們什麼？這個故事要告訴我們在面對生活的選擇時，我們常是找尋完美的情境，完美的伴侶，或完美的工作，這樣就會給我們安全感和喜樂，但是生活卻常是在無法按我們的期盼發生。更無法像故事中的標記那樣簡單清楚的切割。實際的生活常識更複雜，大部分的人或事，是黑中有白，白中有黑的，不是黑白分明的，更不是二元論的思維。所謂：聖人也有過去，罪人也有未來。

今天的高科技，高效率帶給人更多壓力，其實生活中的痛苦並非需要除盡的，它是為生活的動力所必要的。這是所謂痛苦的奧祕。故事中的蛇通常是代表奧祕和邪惡／危險，但也帶來機會或好處。只是國王無法看見他所潛藏的價值。危機其實是轉機。如果你能正視失敗，失敗其實比成功學到更多。

在生活中以情緒為主導的人，常會製造出不同的難題。在這神話，第二個王子陷入引誘而進入陌生人的床褥中，因而掉進地牢裡。因此一個人受到性的誘惑，酗酒或毒品等，實際上就是坐牢一樣不自由。這二王子再也沒回到父王處。

第三個王子不像其他的兩個王子，他必須懇求國王許他去冒險；當他到達這指標時，他選擇去死。其實這不是一個真正的選擇，由於根本無其他路可行，才會走的。換句話說，只有當一個人在非死不可的情境中，才會選擇死路一條。對身體上的死，通常是無法抗拒的，當我們的身體遇到真正的極限時，就只能接受死亡；但在心理上的死，是要我們選擇死於我們對生命的妄想，而單純的活在當下。第三個王子知道回答女巫的問題是無解的，理智和情感本身就是矛盾的，唯一的答覆就是不回應，而只關注當下的情境。在這故事中，當下的情境就是他餓了，需要吃的東西。所以這第三條路，其實就是轉變的路：選擇去死就是選擇去活[12]。

這第三條路，其實就是轉變（transformation）的路：選擇不怕去死／去面對

12. 筆者摘譯自Greenwood and Nunn的《矛盾與治療》（*Paradox and Healing*）p.1-7.

事實就是選擇去活的路。當你能感受身體時，就是活在當下，活在當下就有力量，會有智慧做出選擇跳脫矛盾的困境。所以，只有當一個人在非死不可的情境中才會選擇死路一條，這其實也是我們真正信仰的路。我們大多數的人是有盲點的，看不到全面和整體的，除非有**全方位的視野**，否則**看不見真相**。我們需要有一個**新的視野、新的知識，來答覆今天的危機**。愛因斯坦說：「**不要從問題的觀點來解決問題。**」

其實真正的轉變是在我遇到黑暗困難時，這段話就會出現在我的默想中：據說在第二次世界大戰的最黑暗時，英國國王喬治六世照例應在聖誕節要對全國百姓說幾句話，但他正躊躇不知道要說什麼時，依利莎白王后遞給他一個字條說：「信賴神，儘管走進黑暗，這比光明更好，比可知的道路更安全。」其實走進黑暗就是要不怕死。這真是信德的考驗。也就是說，生命不是只靠人的理性思考，而更是聖文德說的「恩寵」或是所謂整體經驗中的直觀吧！

還有個故事常在我講信德道理時用的：

> 很久以前有個村莊，在此村莊，有三個人得了痲瘋病，一個是普通做工的鐵

匠，一個是老實工作的農夫，一個是這村莊裡受人尊敬的教祖。當時的痲瘋病有如今天的Covid 19，是人人都害怕的疾病，且必須與社會人群隔離的。當這三人都得痲瘋病時，都非常受苦，教祖告訴他們要熱切祈禱，所以他們就都熱切懇禱。三天後，誰好了呢？猜猜？再繼續祈禱三個月，第二個人也好了，是農夫。這位農夫問為何第一個被治好的是不太熱心的鐵匠，第二個被治好的是農夫，而這位教祖的熱心聖德，難道是假的嗎？結果天主告訴他們說，「這位鐵匠生平就不太相信我，這次他已開始相信祈禱已很不錯了，但他的信德很弱，若我三天不治好他，他就會放棄我了。至於你農夫是個很老實的人，但若三個月的祈禱沒俯允你，你也會開始遠離我，至於這位教祖，不管我有沒有治好他，他都相信我，甚至更高興為我受苦……。」

我們對十字架的信德是理智無法懂得的，常被視為愛的奧祕。曾看過有一個聖堂的對聯寫得很好，「**事不止於理，而是止於愛**」。

南美洲的神學家波夫（Leonard Boff）說：

「理智尋求受苦的原由，理智尋求邪惡的理由，

而十字架是不尋求任何的原由，因為天主多時只在痛苦時被發現。

理智只會發現天主不在，而十字架的邏輯卻看見天主圓滿的啟示。十字架必須留在十字架上，但為那尋求理由及世俗的聰明人來說，十字架是盲點，是非理性的。然而這就是愛的奧祕。所謂德行莫非在愛中忍耐邪惡與勞苦。」

在《讀者文摘》，我看過〈苦與樂〉（作者Eda LeShan，《讀者文摘》一九八一年四月號）。這篇文章說，要感受痛苦，才能尋到真正的快樂，容許痛苦進入自己的生命，可能需在嚴格地「面對現實」和一味逃避兩者之間求其中。在我每逢難過，失望或焦慮的時候都會讀一遍：「只怕自己配不上身受的痛苦。」這句話經常提醒我，要利用自己的痛苦加深自己的認識和對別人的同情，這樣才配得上受這痛苦，也配得上必然隨之而來的快樂時光。

我們從小受的教育，大部分都被教導要成為理智的人，只要是合乎理的都是對的，但人實際上的生活是受到超理性的引導。榮格過世之前，英國國家廣播公司（BBC）曾訪問他說：「你相信天主存在嗎？」他回答說：「我不需要信天主，我認識（know）祂。」這裡的know原文是表示更深的認識，是指經驗性的認識。而在他的墓碑上（以拉丁文）寫著：「不管我求或不求，天主都在。」起初我不明

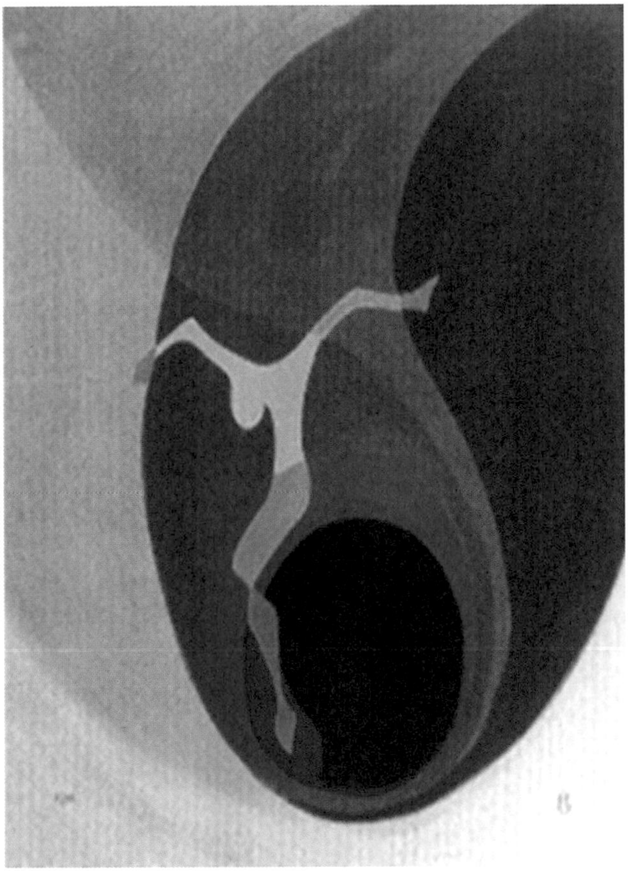

耶穌溫柔的愛
所流出的血
克服了黑暗
綠色：耶穌溫柔的愛
黑色：象徵陰府
紅色：象徵耶穌流的血
紫色：象徵耶穌溫柔的愛

圖廿一　Sr. Maria Van Galen, fmm作品

白榮格在說什麼，後來我突然似乎明白了，他是用右腦或以全腦的認知來回答這問題。其實我們無法全然用理智來證明天主的臨在，但我們是可以經驗到的。

艾克哈特・托勒認為：「宗教，政治，科學上的信理／信條（Dogma），其實是出自錯誤的信念（belief），因為那樣的思想會把真理或事實裝入膠囊一樣，這樣信理就成為集體觀念的監獄。奇怪的是，一般人都喜歡他們的牢房，因為這樣的信理表達會給人某種安全感和一種『我知道』的感覺，其實這是叫表面理性的信念」。其實，左腦的知識是指思想上的認知，右腦的認知卻是在全息宇宙的脈絡下體認的。玻姆說：「宇宙的天性，是單一的統一過程，是一個不破的流動體，每一部分的流動包含整體的流動。」

蘇菲派詩人魯米說：「站在思想的十字路口，我是誰呢？」你真正的學問是發自你內在而造生的，不是外在灌輸進來的。當我們有強破性思考時，我們就是在逃避真相。因為我們不想要當下的狀況。智慧並不是思想的產物；深度的認知是由單純的專注所引發出來的。專注是首要的智能，是意識本身，它可溶解由觀念思想所造成的藩籬，是一種統整覺醒，也是分離的癒合。人類的痛苦沒有比受信理所造成的痛苦更大的了。每個信理遲早會瓦解的，因為真相自會彰顯其虛假。這個基本錯覺是來自於其本身對思想的認同，而靈性的覺醒是從思想的夢境中醒過來的。實際上，意識的領域遠比思想所能攫取的寬廣多了。

古人不太談「天」，但卻談「生活」及「生命」，例如《易經》或老子《道德經》，都是談生命經驗的珍寶。生命的流溢謂之道，是恆常的，但它的形式表達常是變化的。所以形式常是改變的，但是變化（或稱之為易，是一種運行）是恆常的，是宇宙的舞蹈和韻律。有人說，世上唯一不變的原理就是變化，可不是嗎？這形式或稱之為陽，是常在變的；而無形或陰，是不變的，我們也稱之為「無」。因此，停留在陰或無形是我們奧祕的召喚。這無形（陰或無）是我們生命的根源，形式是這根源的表達，而在有形和無形之間的變化就是運行，是中國人所謂的氣、呼吸、能量或神（spirit）。是在有形和無形之間的變化張力所引起的運行。

在宇宙的陰陽舞蹈中，氣的能量是調和作用，好使萬物在共融和諧中。陰陽彼此相生，這是真正的創造，「在陰中有陽，在陽中有陰」，「萬物負陰抱陽，沖氣以為和」。而「無」是獨自存在，從不改變，是超越和無限全能的。在天地萬物之間，只有一個氣息，是有形與無形之間的運行，也就是我們所稱的神。這是華人文化中的基督徒所經驗的天主聖三之道，它的第一個因素是變化的運行（也稱為氣或神），是一個生命的給予；第二個因素是有形（子或陽），是生命源頭的表達；第三個因素是無形（又稱為陰），是生命的原始（父或母）。其實我們的天父原是無名的，是自有者。

老子說：「無名天地之始，有名萬物之母。」我們必須停留在「無」，這與卡蘇所說的「零點」的意義是相同的；她說：「黑暗的圖像不斷地出現在有形和無形的共舞生命中，所以，我們的心靈必須拋棄這黑暗圖像所造成的既有偏見、信念及恐懼。」⑬何處有運行，何處有生命，否則是死亡。

日本山田耕耘老師說：「沒有意義的話／語言、文字是活的，有意義的話／語言、文字是死的。」因為語言文字是用來界定和分別的，所以有了定義時就會受限，我們也就會停止去繼續思考。沒有意義時，必有混亂含糊，這混亂含糊會促使我們進入更寬、更廣和更深的想像空間。例如詩歌和論文，論文是受限於清楚的思維論點，而詩歌通常有很多想像和感受的空間。老子說：「人之生也柔弱，其死也堅強；萬物草木之生也柔弱，其死也枯槁。故堅強者死之徒，柔弱者生之徒。」老子的思想，看起來是非常矛盾卻又是真實的，這就是老子的「道可道，非常道」之奧妙處。

事實上，古代的《易經》是以整體的宇宙觀，即以天地人的一體關係為基礎的。所謂的「神無方而易無體」，《易經》只述說唯一的真理，即「自然而然」。天地陰陽交感的神祕，古人以一個「易」字來代表，是一陰一陽之道。《易經・繫

13. 卡蘇M. Cassou, p. 147.

辭傳》說：「是故易有太極，是生兩儀……」，所以太極圈是描述光明／黑暗、天／地、主動／被動、執著／捨棄、空／圓滿、內在／外在、心理的釋放／政治經濟的釋放、拿起／放下等，不斷地交互流動，並熔化成一體的歷程。這是「兩者並存（both and）」，而不是對立的二元論。

整個宇宙原是一個有機的整體，要如何來調和這些矛盾？如何是一體又不是一體地同時存在呢？這就是陰陽互為一體之原理。榮格說：「遲早核子物理和下意識的心理學，會從相反的方向吸引在一起，並衝向超越的領

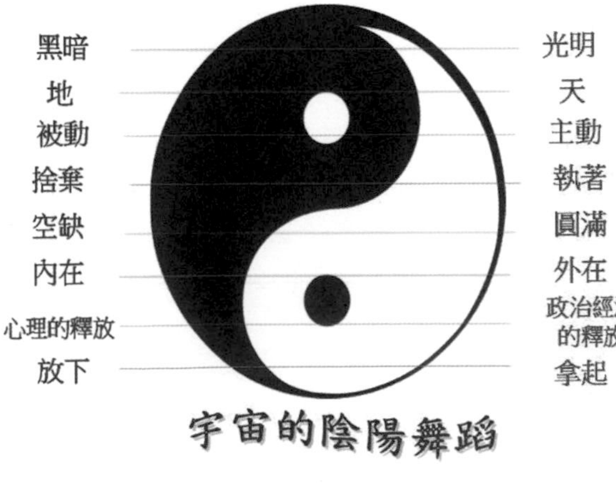

圖廿二　宇宙陰陽舞蹈

域」；「一切的事實都有其陰暗面，甚至是我們的天主觀也有其陰暗面。」⑭一切的生命都有過受傷的經驗；所有生命的形式或理念也都需要被治療，而且一切都有再回到一體的潛能。這一切人的矛盾，都會在天主那無限的愛中轉化。透過陰陽的舞蹈、矛盾的調和（參見圖廿三），生命成為可能；最後，我們生鏽的鐵鍊，會成為一條金項鍊。

圖廿三　天地無邊

14. O'Murchu, p. 137,143.

第五章

身體：聖神的宮殿／上主的居所／性靈力之所在

Our Body: the Temple of the Holy Spirit

我們的身體是我們整個人的外在表達，也是我們內在軟體具體有形可見的「模式」，當我們的身體不存在，神也不在了。

可是人常處在缺少這番洞見的無明狀態。天主是無所不在的，但在祈禱時常感覺天主不在，是因「我、靈魂、覺知力」的不在，所以無法體會到天主。我們的身體是聖神的宮殿，透過對身體的覺知，來默觀我們內在的心靈歷程，讓天主碰觸到我們分裂的內部，我們就會有創新感，不但能對自己有統一的感覺，同時也對宇宙有統一的覺知。

圖廿四　聖神的舞動

內觀祈禱的操練（專欄四，見本書一七一頁），可以作為個人的默想操練的前奏，首先是覺知我身體的「在」（透過覺察身體的每一個部位），然後覺知我內在的害怕、緊張、焦慮、憤怒等。我們的覺察力是需要操練的，因為我們通常只在注意腦部的思維，而忽略或壓抑感受。當我們的身體真的能靜下來時，自然會達到身心靈的合一。《聖經》上說：「凡事先尋求天主的國和祂的義德，其他的一切自會加給你們」。我們心中的不安常是不自覺的，也不是我們能用理智完全掌控的。

我相信天主的言語是經由感受，即所謂的「經驗」而有所領悟。所以「感受」才是真正開始碰觸到天主的途徑。狄帕克．喬普拉（Deepak Chopra）說：「我們的身體是我們的老師，它能教導我們需要知道的一切事」，我身體的每個細胞都參與我靈性生命的成長歷程。如今，雖然我已經驗到某些的改變及某種日漸衰微（diminishing）的過程，但總有某種核心（center hole）處是我沒有力量自己向前進的，只有當我準備好時，「祂」就會來就近我；雖然我越來越覺察我的軟弱及易受傷害，但同時也更經驗到踏實與平安。

在九型人格（Enneagram）的理論中說，人是神的肖像，一個人有的三個能量中心（頭、心、腹）：頭與害怕有關；心與焦慮有關；丹田是與憤怒有關。當我覺察我的頭心腹時，會覺到自己內在有許多焦慮、害怕、面具、憤怒、不真實等等。

所以透過對身體的覺知，會燒溶自己過去的負面感受，可達到個人的內在淨化，整體生命才得以成長。每天做這樣的內觀操練或「命名、馴服和跨越」（naming, taming, crossing），可以幫助我們清理內在的繁雜，我們自然就可以有天主的能量，為許多人服務並祈禱。整合三個能量中心的過程，使我更經驗我的身體、心智與靈魂的完整，我將這樣的整全合一稱之為「我的重生」；當我經驗到一種圓滿的「一」及心靈的滿足時，有一種更深的平安與喜樂油然而升，因為當我不在「一」內時，所有的事情都變得複雜，支離破碎。

心理衛生專家說：當你勞力一個小時，休息一個小時就可恢復；當你用腦一個小時需要兩個小時才可恢復；但是當你用心力（情緒）一個小時，你需要六個小時才能恢復；因此你若戀愛一年後失戀，需要六年才可復原呢！可見勞心力，或情緒之類的事不易被發現、容易被忽略，或難以被了解，但往往我們在不知不覺中身心就生病了。

我常記得道明會溫保祿（Paul Welte）神父[1]在輔大神學院說的聖三論是：

當我們在生活中，接受自己生命中許多痛苦和一些無法解決的問題時，我們就接受天主的臨在；當我們接受了這萬有之源，我們就與父產生了一個關係。當我們在行為上對充滿痛苦與失敗的生活，以開放的心接納時，我們就與世界的聖言相

1. 德國籍道明會士。1930～2017。

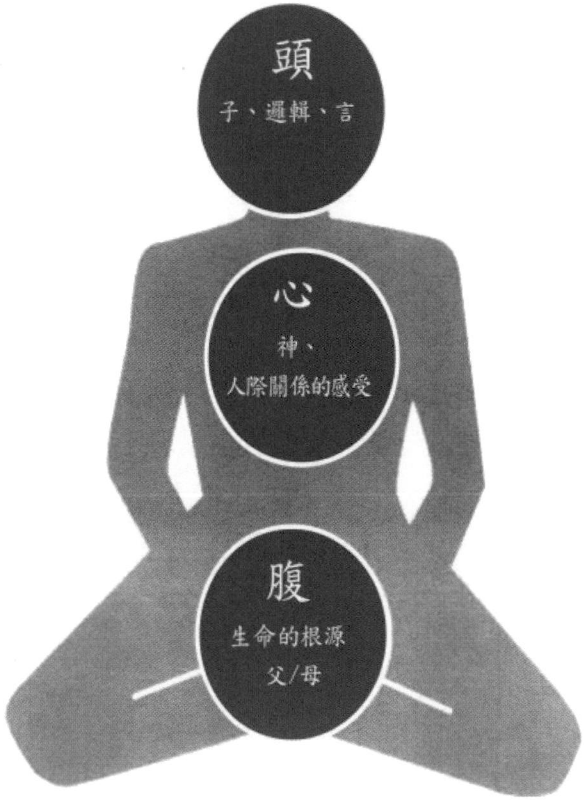

圖廿五　身體的覺知

遇，也就是接受了基督。當我們在自己的生活方式中，以相愛、樸實無華的服務，來答覆生活上的要求時，我們內在的生命就已接受了聖神。這是我們在日常生活中與天主聖三深奧微妙的關係，一個人怎樣察覺、接受並默觀了生命中的一切，然後活出它們的意義來，這大概就是生活在天主的旨意中了。

其實，耶穌就在所有的痛苦中，在那裡產生積極的愛和憐憫；在那裡有愛，聖神就在，因而在禮儀、好客、接待、欣賞、感恩和稱讚中，通傳恩寵與生活，在向人開放我們的心中，不斷產生智慧，天父是在永遠的靜默裡，這是天父的奧祕，如果我們說，我們已認清天父的奧祕，那就表示我們就是不認識。說實在的，我們必須要時時警覺我們的自以為是，要向容易的結論和過度的清楚告別，因為隱藏的天主要在信仰中去尋找，去發現。那裡有真正的信德，那裡有一心一德、共享一切（《宗徒大事錄》四章32節），就會共融和交談，我們永遠不能減少和受排擠的團體交談，這就是在聖三內的團體裡。

事實上，天主供應我的，什麼都不缺，只因為我內在亂了腳步，沒有回到天主的秩序。當我跟自己身體的感受接觸，慢慢意識到內在的恐懼、憤怒、焦慮、不安等時，我就不會壓抑，並會進入生命的深處。《聖經》上也說：使我骯髒的，並不是外來的東西，而是我內在的，因此當我清理之後，在我內的天主自然顯現。《若望福音》上說：「你們在我內，我也在你們內」；《宗徒大事錄》上說：「在祂內我們生活、行動和存在。」我的身體原本就是聖神的宮殿，甚至可以說，身體是我們的第一座教堂。內觀身體的歷程，能幫助我們接受並面對隱晦、黑暗的自我，因而學會從靈魂的沃土中，清除邪惡的行為，準備好土壤，新生命才能在我們內成長。人的身心靈本是渾然一體，只因生命中大大小小的受傷經驗所形成的負面情緒，造成了心的受傷與靈的混濁，身體也因而出了毛病。

接受身體就是接受自己的軟弱。所謂的罪，就是拒絕去交流，亦即不接受自己的軟弱，也不給予回報。罪常是宣稱自己的「獨立擁有」或「私人權利」。罪也常是一種自我專注（self-absorption）的形式。而聖神常是將一切的破碎、分裂予以縫合。祂提醒我們全部的真理是：我們原是一體的，而不是許多分裂的個體。聖神促使人團結，但罪惡卻叫人分裂；天主的工程是全然的和好，耶穌基督降生成人，祂的偉大是祂徹底地接受成為人的限度和軟弱；相反的，我們的問題常是不接受我們作為人的限度和軟弱，我們常反抗或否認自己的有限與軟弱。誰夠軟弱成為牧人呢？在社會中對人的評價，是看人的才幹、學歷等，但在牧靈工作領域中，誰越覺察自己的軟弱，誰就越會在全然的信靠天主中，成為真正有人性的牧人。因為在某種匱乏和不足中生活，是我們獨身聖召的一部分。天主的方式就是軟弱的方式，福音最大的喜訊，就是天主成了低微和易受傷者。

罪是一種精神上的死亡，就是天主不在的感覺。罪與罪惡感有一個很重要的差別，罪惡感來自外界的壓迫。當一個人想到他的不當行為會被如何看待時，會產生焦慮，是一種罪惡感。當我們將權威的斥責內化時，會產生一種罪惡感的焦慮，這是道德疏離的記號。所以當我想到別人相信是我的錯時，我有罪惡感。尤其是當我不同意別人的判斷，卻又不敢去感受自己的不同意時，罪惡感的焦慮更是明顯。我們對罪的感知是一種更深刻、更存在性的東西，不是對天主權威的罪惡感的感覺，而是感到自己內在的邪惡，不是因為我違反了外在的法律，而是因為我違反了自己內在、也同時是住在我內的天主的法律②。

罪就是靈魂最根本的邪惡與疾病，嚴重的罪就是精神死亡。罪就是精神上的自我毀滅。最恐怖的是，我們的身體只會死一次，而我們的精神卻能一再地被殺害。道德上的死亡比較有罪惡感的感覺；而精神上的死亡是直接來自在我內的邪惡。罪是遠離真理、愛、現實。活在罪中且持續犯罪，就是活在地獄中，那是永遠不斷地重複死亡③。活在當下才能覺知身體，這是真實的時刻（real moment），當下的覺醒就是當下的力量。艾克哈特．托勒說：「活在當下之道的焦點是：不活在過去和焦慮未來的一種意識狀態，解放時間的擔子。你來到此世的目的是讓天主在世界

2. 牟敦（Merton, Thomas）著，劉宏信譯，《隱修士牟敦悟禪》（台北：啟示，2004），215頁。
3. 同上，216頁。

中展現，這就是你是那麼重要的緣故。」

我們無法告訴別人自己所不知道的，深在每個人內的靈修真理；我們所能做的，僅僅是提醒別人所遺忘的。榮格認為，「越有人性就越有神性」，基本上是指真正的人性，是無私且充滿愛的，但人因為受傷、犯罪等，使得人已失去真正的人性，而活在假我的面具之中。因此當我越能活出真正的人性，我就越能肖似天主。但實際上，我們常不知道要如何活出自己的真人性，因此耶穌基督才降生成人，他來告訴我們甚麼是真正的道路、真理和生命。

為了經驗到內在的自由和天主的無限慈愛，必須經歷空虛「自我」的歷程，就是若翰洗者所說的：「祂應該興盛，我應該衰微。」讓自我在衰微、減損中，才能經驗到天主在我內的喜悅！每碰到消極的感受時，先要覺察它，並為它命名（naming），然後馴服（taming）它，才能真正地跨越（crossing）它！如果我們不去感受時，是非常累的，因此，唯有與我們的感受接觸，才能接觸到天主。

一旦我們的身體接觸到我們的靈魂（the place of our nature），也就是禪修中的明心見性，我們就會有所需要的一切智慧，而成為治療的師傅。這樣，我們便可以治療自己，也可以治療別人。「真理會使我們自由」，如果我現在難過，那麼難過就是我此刻的（相對性的）真理，若你充分經驗它，你就會從中得到釋放，若你不經驗它、拒絕接受它，就無法釋放。事實上，當人不在工作行動中，便是在感覺中。憐憫來自於寧靜，然而只有做你真正的自己時才會有寧靜。當我們不斷覺知這些感受時，我們就一步步在創造我們自己的事實，而在我們內就會有個鑽石般的自我閃爍呈現！

如果你摧毀一個人的不朽的信仰，那麼不僅僅是愛，連維持世界生命的每一股生命力都會立即枯竭（杜斯妥也夫斯基）。人若能隨著無限大自然的力量移動，就能握住靈魂的火焰，握著生命和治癒（《梨俱吠陀》）。觀察這些從虛無中旋轉出來的世界，那是在你內力量（魯米Rumi）。所以若從量子理論的角度我們的身體，不會是傳統所說的人會越來越衰老，而是成為永恆的身體和永恆的心靈的。換句話說是不在時間的程式設計（Programmed）內的。

事實上，保祿說身體是聖神的宮殿、上主的居所，也就是我們最原始教會，因此我們必須再進入我們身體的經驗，唯一能帶領我們回家或回教會的途徑，是人的臨在，而這種臨在，是以天主之神住在我們內作為它的教會為基礎的。這就是在一切之前，我們如何接受自己的身體——主要的殿堂。我們只要成為我們所看的、接受我們之所是，就是有福的。我們的身體之所以美麗，是在於它的易受傷性。

圖廿六　身體的脆弱和易受傷性

圖廿七　身體能量的根源——性靈力

4. 性意識，或性靈力。一般譯為「性」、「性力」、或「性意識」；我認為這三個譯詞都不足以完整表達：「人是性的存有，sexuality與人的生命、創造力及靈力不可分割」這一個主要概念；因此，依前後文採用「性意識」或「性靈力」二個譯詞。
5. Dody H. Donnelly, *Radical Love* (Fremont: Dharma Cloud Publishers, 1984), p. 25.

身體能量的根源——性靈力（Sexuality）

・性靈力（sexuality）[4]是能量的根源

我們的身體是具有性別的，充滿渴望和強烈的情緒，需要與別人接觸及親近，而身體又是天人交會的場域，要成為神，必須成為真正的人，成為人就是要去愛，而性意識就是身體、心理與靈性，沈浸在天主召喚人去愛的整合過程。丹尼爾・戴・威廉斯（Daniel Day Williams）說：「每個行動和姿態都在說話，當我們說性的行為、感受或情緒，都能開展靈對靈的力量時，也不必對性的觀點太過於靈性化。性意識本身不能獨立存在，必須落實在有意義的降生中。[5]」性靈力是作為男人女人在世界上存在的方式。

如果只有能量住在你的身體裡，而沒有智慧，這就等於禽獸一樣，有性衝動／生理的性需求而沒有愛。今天的心理學、神學與靈修學，強調社會和關係性的幅度，強調整合等，但更首要的是性與靈的合一。存有的深度合一，是性與靈的散發，但因為分裂的自我，使我們在談論性的議題上覺得不自在[6]。

理查・羅爾（Richard Rohr）[7]神父認為人的性靈力是「體化的神（embodied spirit）」，就是「道住在你的身體裡」。耶穌就是道成肉身的典範。長期以來，

6. ibid. p.17.
7. 美國墨西哥州「行動與默觀中心」主任，方濟會司鐸。著有《踏上生命的第二旅程》……等二十餘本著作。

我們將它藏在陰暗處而加以否認，卻很少以積極和創造的角度來對待它。像這樣一個有力的光環，常令人既著迷又害怕，但我們知道若缺乏它，我們的生命將不再有熱情⑧。舊約梅瑟（或譯摩西）時期，認為沒有人能注視天主而活著，並不是天主是不好的，只是祂是火，就好像我們不能直接注視太陽，因為它的光太強，會燒壞我們的眼睛。我們常害怕火的力量，而躲在一個安全的地方。性有如火，非常有力，沒有任何一個文化可以好好地處理它。而性意識是一個神聖的火。

有一個笑話是這麼說的：當妓女們聚在一起時，她們談論天主；但當神父們聚在一起時，他們談論性。這雖是笑話，卻多少有些真理存在，因為「神聖的與邪惡的都知道：力量一直被隱藏在軟弱中，奧祕常被冠上錯誤的面具。」⑨今天的主要問題是性意識與靈性、能量與智慧的「離婚」，而我們需要再度整合它們⑩。其實，性意識有如火的能量，sex一詞源自拉丁文的動詞*secare*，本意是切割或分開，引申為切開之處渴望再結合起來，二個相對的力量渴望結合就是性的力量與能量。性是一個陰陽兩極充滿連續的吸引力，而身分的對立，是在性別意識上達到圓滿的創造。

我們的生命本身就是一個分合的歷程：首先是斷臍；其次是斷奶；然後是離開父母上幼稚園；之後是青少年的反叛期；再來是渴望與別人的親密結合，以及建立

8. Richard Rohr, Near Occasion of Grace (N. Y.: Orbis, 1993), p. 22.
9. ibid.
10. Ron Rolheiser OMI, talks on Sexuality at School of Applied Theology, Oakland.

家庭等相對性的合一經驗。但人更深的渴望，是絕對性或超越自我的合一經驗。因為切割、斷裂使我們時常渴望回到生命的根源，成為一體。這是一種渴望回家的鄉愁。

所以，我們的身體、心理與靈魂也常渴望回到一體的和諧狀態，這就是性靈力的能量。性靈力是如此強而有力，幾乎沒有一個文化能夠應付得很好。性靈力不同於與生理的性，因為性靈力是團體與友誼的驅動力，它是一個「樂園」、一個享受與愛的地方，如同《聖經》所說：「人單獨不好」；這個對團體、友誼、家庭、整體、創造力的驅動力，帶領我們走向超越、利他、不死、喜樂、忘我……。總之，任何帶領我們超越孤獨感的都可被稱為性靈力。

性靈力並不僅僅是找到一個愛人或一個朋友，它是透過給予生命及祝福而克服分離。因此，性靈力的成熟，是指一個人能和天主一起走向團體、友誼、家庭、服務、創造力、幽默、喜樂、甚至是致命，換句話說，就是給世界帶來生命，所以它有如火焰一般融織愛的熱忱。

生理的性是有關性的特定對象的完成，最終其實是「二個人渴望合成一體的飢渴」。耶穌更是一個具有性愛的人，而不那麼強調祂是一個奉獻祭品的司祭。《聖經》裡所強調樂園的受苦，與其說是身體上的受苦，不如說是倫理上的受苦。我們可以沒有生理的性生活，卻能有良好、健康的性愛生活。事實上，二者的界限常不那麼清楚，因為沒有人是完全的成熟，性靈力是透過自我意識而慢慢發展的，那種被切割的感受，瀰漫在我們生活的每個層次裡。性sex的拉丁文是*secare*，意思是切割。因為人從初離母胎就被切割，所以總是有渴望回到原始一體的衝動。

「貞潔」的英文源自CHASTITY，其相反字是INCEST，意思是「亂倫」；而亂倫的反義是「合乎倫常」，其英文譯義應是RIGHT RELATIONSHIP，所以貞潔應該是一種合乎天地人倫常的關係。不論我們選擇獨身或婚姻生活，都需要活出貞潔，它是一個愛的召喚。我們可以沒有生理的性生活，卻能有良好、健康的性愛生活。

性靈力是聖神恆常的表達，是我們生活與溝通的能量，這力量隱藏在軟弱中，在我們的身體中特別顯得軟弱。德日進神父說：「在我們的生活中，把為了避免冒犯而守規矩，看做比為天主執行困難的任務更為重要，這樣的態度窒息了我們的生命力」。我們的完美主義就是天主的敵人，因為它能夠釘死美善，在我們的生活裡，我們不可能不犯錯，因為在我們的生命史中，特別是在我們的軟弱罪過裡，我們與天主相遇。

在這有限人性的過渡世界裡，沒有所謂純粹的俗世與純粹的神聖，只有好的方向或不好的方向。在我們的生活裡，這兩個方向都有，當它發生時會產生創造的張力，而靈修旅程能在這張力中找到能量，其餘的一切都是幻想。恩寵的美妙工作，就是能集合這些相反的力量，使它們產生生命力而非死亡，這就是聖。性靈力是一個進入內在黑暗的旅程，而不是去否認它，即便是一個看起來痛苦的愛人的呻吟，也是為了顯示一個真理，即「我仍是孤獨」。聖奧斯定（St. Augustine）說，「我的心除非碰到天主，否則不平安」，就是一種深深的孤獨感吧！

性靈力也是一個成長與悔改的學校，許多人避免過一個較完滿的性靈力生活，而只停留在生理的性；生理的性是人的慣性，而性的親密是一個實在，所有的愛都是有危險而要付出代價的，愛非常威脅我們存在的世界觀，以及我們現在的自我界限；然而，愛卻甚於其他的任何一切。《聖經》上說「再沒有比為朋友交出生命更大的愛情」，耶穌之愛的高峰在於祂面對一個危機時刻、征服了背叛、愛的拋棄，並將一切轉變為一個給予的時刻、毫無保留地給予祂的身體、交付祂的生命：「我將自己賜給你們。你們將把我交在羅馬人手中，好讓他們殺害我；你們將把我拋棄給死亡，但是我以此作為一個給予的時刻，從現在直到永遠。」透過身心靈的合一，性靈力和靈修得以再結合；性靈修的目的是從孤獨到建立關係，有共融關係的能量。我們今天要再宣示人類的神聖性，就是要再結合性靈力和性靈修。

圓滿的性關係最終是要實現完滿的自我給予，耶穌以自己的身體具體實現了性靈力的圓滿。我們的性靈力是自我的表徵，我們不能等閒視之，必須允許它深入我們的意識層次⑪。性靈力是教人如何成為人，如何開放和易受傷，而不要隱藏在外表和驕傲的後面；它也教導我們成長及如何去愛⑫。通常我們的恐懼控制我們，更勝於我們的愛。性靈力有如火般的熱情，而只有生命才能吸引生命，美麗吸引美和破碎。

靈修是能量的根源

教會最重要的領域就是靈修，而靈修最具體的表達就是性意識（性靈力）。她最軟弱的部分就是她最堅強的部分。我們通常以為我們可以在紙上和正當、好的行為上遇見天主；事實上，我們多半是在特別去面對自己的罪惡時，與天主相遇。《聖經》中的模式是在自己的歷史中遇見天主，尤其是在面對自己的罪惡時。基督降生成人，肉身的攜帶者是我們的引導，在耶穌內，我們看見天主聖三是完全無私愛的交流。真正無私的愛是交流的，也是容易受傷的，耶穌死在十字架上是愛的高峰，也是這易受傷的愛的結果。

11. Richard Rohr, Near Occasion of Grace, pp. 24~37.
12. Donnelly, p. 83.

一個人之所以會自我中心，是因為受過傷害，因而保護自己、防衛自己。要聆聽你內在的聲音，就會聽到自己的故事，給自己開啟希望之門。當你寬恕別人時，就是釋放監牢裡的一個囚犯，而那個囚犯其實就是你自己！其實，生命會自己找出路，因為真正的生命會生出新生命，真生命是生生不息的轉動和流溢。愛是我存在的理由，是我真正的身分、真正的性格、我的名字。

祈禱的高峰經驗與兩人相愛的高峰經驗，是一種合一的感覺，靈修就是要尋找與天主密切的關係。當我們充滿愛的能量時，才能接納人、愛人。一個人獨身貞潔願的重點不是「禁慾」，而是要像聖女貞德的心所燃燒的那股愛的「火焰」！

李歐納・柯恩（Leonard Cohen）⑬所寫的〈貞德之歌〉（*Joan of Arc*）⑭：

喔，當貞德騎馬穿過黑夜時，有一股火焰尾隨著她，
沒有月光照亮她的盔甲，沒有男人帶她穿過黑暗，
她說：我對戰事厭倦了，
我渴望回去我以前的工作，
穿上白色的婚紗……

13. 1934～2016。加拿大創作歌手、詩人、小說家。
14. Joan of Arc

圖廿八　性靈力有如火般的熱情（Sr. Maria Van Galen, fmm 作品）

你是誰？
我是火！……
若你是火，我就必須是木頭……

榮・羅海瑟（Ronald Rolheiser）⑮神父說，「靈性是關於我們如何處理我們內心的火，關於我們如何引導我們的愛欲。」我們如何引導它，我們選擇生活的紀律和習慣，將導致我們的身體、思想和靈魂內部的大整合或瓦解，以及我們與天主、他人和宇宙世界的關係方式的更大整合或瓦解。

羅爾神父在反省有關聖方濟時說：「美會傷人，尤其是那些曾見識過真正美麗的人；醜陋會激怒人，但僅僅是為那些未見識過醜陋的人。」⑯在我們的靈修裡，能夠在最沒有期待之處，看見或發現愛，就是真正的智慧。相愛二人的真正結合，在於他們能夠在毫無防備的情況下，坦誠擁抱彼此的脆弱。我們的生命是破碎和有限的，然而也是一個更大、更整體的一部分，因為我們都渴望與整體合而為一。

眼睛幾乎是人接觸世界最直接的入口，《聖經》說：「眼睛是身體的燈。」（《瑪竇福音》六章22～23節），所以一切都在於我們的洞察；基督徒純潔的德性，是在於能看到天主所看的，看見真理的整體，這是一條漫長而受苦的旅程。性

15. 1947年，魯汶大學博士，加拿大籍無玷聖母獻主會（ＯＭＩ）會士。著有《祈禱：最深的渴望》、《四碎之燈》、《苦難與十字架》以上均為光啟文化出版。
16. Rohr, *Near Occasion of Grace*, p. 80.

意識就是：人渴望成為整體的「欲望」[17]。所謂成聖（Holy）就是成為整體（Wholeness）[16]。

真正的貞潔，是懂得愛人卻又保有心靈的自由，貞潔者若沒有愛，豈不是行屍走肉？貞潔生活是每天掙扎奮鬥的歷程，初期教會教父戴都良（Tertullian）[19]說：「沒有人會在五十歲以前會是貞潔的，因為貞潔生活的歷程與我們的身體、心理、生理及靈修生活是息息相關的，人通常到了五十歲時，身體、心理及生命經驗、自我認識及靈修深度才會達到較整合的境界，才能活得越來越真實，較能無私地去愛人。」

所以，你如果是貞潔的，你是一個有生命活力，但又具有愛的智慧的人。

祈禱是進入天主神聖的能量，有如與他通電一樣。當我們無法好好進入祂的能量時，就是靠信德來祈禱了。除非你相信，否則看不見。貞潔生活之所以可能，乃是因為不斷尋求天主的旨意，以天主為他／她生命中絕對的主。我們的心受造是為了被擘開，而不是為封閉的。今天的問題是：我們失去了純真，所以如果我們只有知識而不是單純的人，我們不可能有智慧。真正的藝術是進入單純，會叫人的靈魂休息。

17. Sexuality is an appetite for wholeness.
18. Rohr, *Near Occasion of Grace*, p.33-34
19. 150～230。初期基督教會教父、神學家、主教。他終生居住在迦太基，對三位一體及耶穌神性人性兼具的教義確立貢獻卓著。

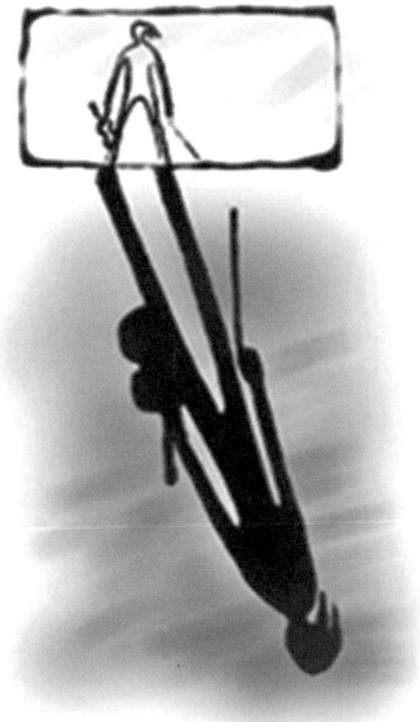

圖廿九　當我們注視「光」時，影子就會被拋在身後

張春申神父曾說，瑪利亞的貞潔是：一切由天主（產前），一切靠天主（生產時），一切為天主（產後）。所以當我們保持一顆甦醒的心，雖然我們頭上的眼睛可能睡著，但我們的心將會開啟一百個眼睛。修道生活的三願是最徹底的破除私心之道：「貧窮願是物質的不占有，服從願是意志的不占有，貞潔願是愛的不占有。」其實這三個願是一體的三個幅度。如此，我們才能全心全靈全力地愛上主我們的天主。當我們注視「光」時，影子就會被拋在身後的。方濟說：「不必那麼操心你心靈的純潔與否，把你的視線轉向天主，欣賞祂，因天主而高興，祂才是完美。為天主而感激天主，心靈純潔就是這個。」所以不要一直只看負面或黑暗面，因為當我們注視光，專注去愛時，天主那美善就自然出現。

我們之所以產生分裂，常是因為我們按照我們的背景／經驗提出意見或看法，卻排除了其他的脈絡的可能性；但在一個全息的視野，我們就不能太輕易地論斷他人，要尊重每個人的歷程，給予足夠的時間和空間，讓每個憤怒，都被接納；每顆眼淚都被珍惜，每個人的聲音都被聆聽。我相信我們深入去傾聽一個人的生命故事時，會全然改觀的。

天主的創造真是奇妙，我們是祂的肖像，身體的三個能量中心有如三一的天主，我們的腹部中心是我們生命的泉源；父和母，這個能量中心是掌管安全感或生

圖卅　每顆眼淚都被珍惜

圖卅一　每個憤怒都被接納

存；心是以人際互動的感受為中心，是愛的關係，有如聖神的舞步，這個能量中心是掌管情感和自尊；頭中心是表達我們的思想、語言，也就是聖言、聖子，這個能量中心是掌管我們的思考力量與控制。

當我們的思想、情感和生存、安全感統整時，我們活在聖三的共融中。從這三個能量的和諧關係，我們會發現聖三在我們的身體內共融，並且使我們愈來愈肖似天主。寓居在我們內的親密與默觀，使我們的身體成為聖靈／神的氣息之宮殿；換句話說，體化在我們身體內的神，就是我們的性靈力，因為性靈力是在整個人體內，以各種化學或量子互動反應產生的創造性能量。性靈力是人類的核心要素，它關乎吸引力以及建立關係的能量，換句話說，我們的性靈力是我們「體化的神」，是降生的神。當我們在一個完整的狀態中生活時，我們就是在我們的性靈力中生活，因為我們的身體原來就是一個全息宇宙中的子整體（a holon-universe）。

我們必須再次發現及促進一種對生命及實在界的整合性視域，讓全球的和平及全世界人類的永續發展，不再是海市蜃樓，直到我們能認清這「普世信仰」（universal faith）能提供一個合一的氣息以及人類合一的目標。這種普世信仰並不必然是一個普世宗教，而是連結所有宗教人的「心網」（network of hearts），這心網出自世界各宗教，而由其中生出普世信仰。我認為只有將東、西方各宗教的

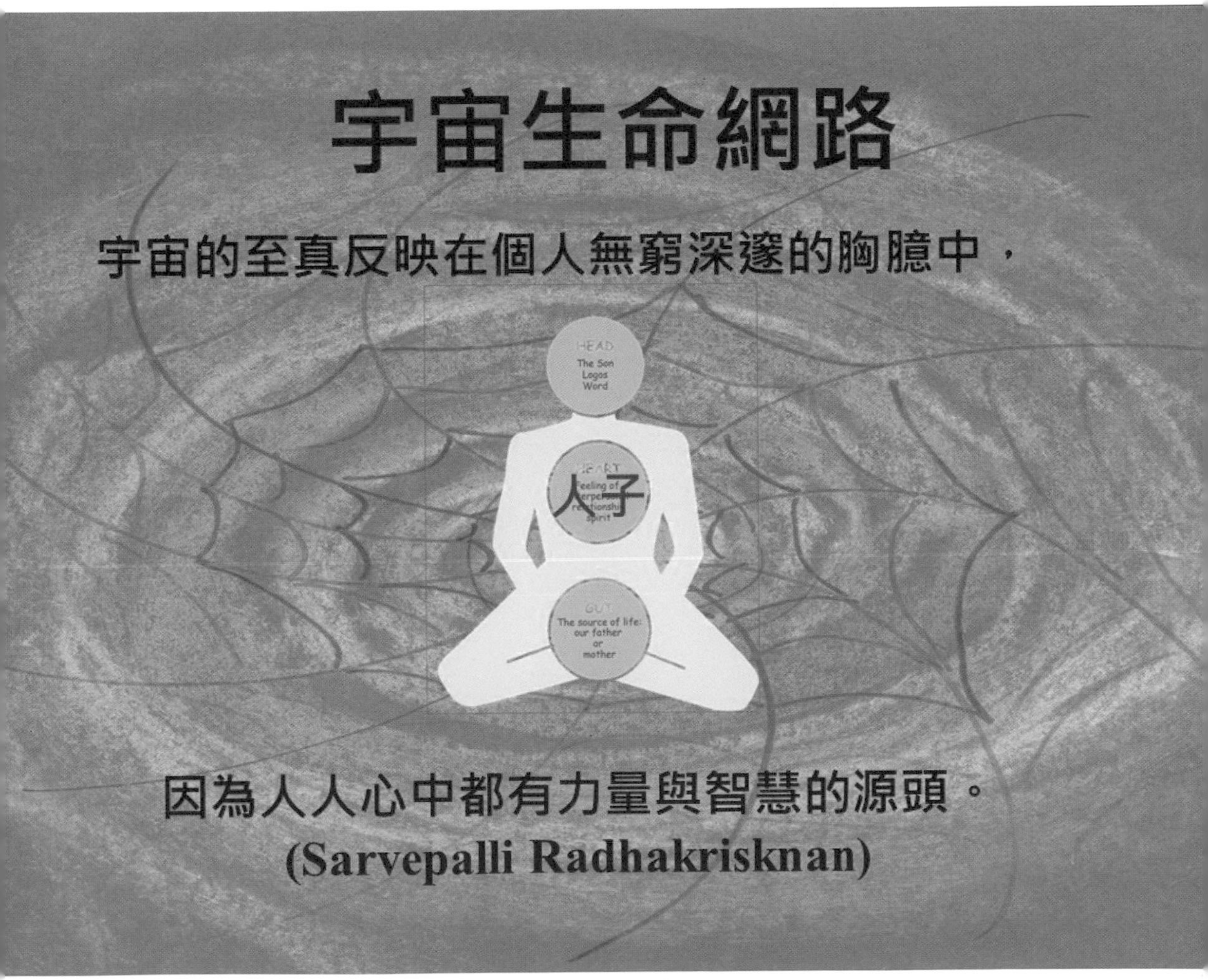

圖卅二　身體是一個全息宇宙的子整體

洞識及經驗，與宇宙故事的諸多發現，以及全息的科學等加以整合，才能提出普世信仰的基礎。

其實，東方的老子《道德經》、《易經》的陰陽論，以及西方的科學如量子物理學和德日進的進化論、創造論、榮格的心理學以及基督宗教的信仰，都是可以互補整合在一起，而成為一個東西整合的宇宙性靈修。這是跨越整個世界和歷史時空，普世人都可經驗到的；雖然語言和切入點不盡相同，但有異曲同工之效果。

從整體科學的角度來看人，物質領域就是指血肉、細胞、骨骼；量子領域就是指情緒／七情六慾等；靈性領域就是指精神／靈魂／真我。

◆專欄四◆

內觀祈禱（Internal Contemplation）的操練

我們容易活得像一部機器，應對我們每天的職務與必須的事項和責任……等，而沒有覺察到我們內心或意念上的狀況，其實我們的身體是我們的實況，它總不會欺騙我們，而我們的心智可能會欺騙我們，因此我們必須聆聽我們的身體，透過感受與情緒所覺察到的訊息，然後做分辨和選擇如何去回應。這個過程是不容易的，因為我們的身體隱瞞了我們從出生開始的抑制不了的內在實況。

內觀祈禱是一種整合祈禱方式，整合身體、心理與靈修的祈禱操練方式。藉著意念的專注，達到身體內在壓力的鬆弛，心理的糾結的釋放，讓聖神在我們內作工的祈禱方式。必須常常操練多次，才會有成效！

• 經由「命名、馴服和跨越」（naming, taming and crossing）

我們要如何安撫我們未經馴服的實況——一個狂野卻珍貴的生命呢？如果我們能更覺知自己的感受和情緒，並能加以一一命名，然後安撫、接受、擁抱它們一陣子，它們就會逐漸平息和過去。這是釋放我們內在張力的過程，經由專注於我們的覺知，而釋放我們繁忙的心智活動的過程，好讓聖神得以在我們內在未撫平的的實況中運作。

・內觀祈禱文字內容：

坐下，坐在椅子上或是在地板上都可以，躺下也可以。

坐一個舒服、但是背要正的姿勢；放下一切意識到天主的臨在下進行：

首先注意呼吸，深深吸進新鮮的空氣，慢慢地呼出內心的煩雜之氣，吸進呼出，來回幾次，直到你感覺到呼吸調和。

現在將我們的注意力放在頭頂上，覺知它的感覺：

有沒有任何的感覺，刺刺的、麻麻的、或者其他的感覺……

注意我們的頭顱，從前腦直到後腦勺，整個頭的感覺是舒服的嗎？不舒服的嗎？頭痛嗎？清醒或者有其他任何的感覺？

現在注意我們的臉部肌肉，由前額開始，覺知眉毛、眼皮、面頰的感覺：你覺得面頰的肌肉是輕鬆的，或是緊繃的？

鼻樑的感覺，鼻子和嘴唇中間的人中的感覺。

你察覺到你的呼吸是在這裡進進出出的嗎？嘴唇的感覺，下巴的感覺，現在，再一次覺知整個臉部的感覺……放鬆它，讓自己微笑……。

現在注意耳朵的感覺，你察覺到耳朵的溫度嗎？熱的或冷的？

現在注意你的脖子，你的脖子是正的或是歪的，舒服嗎？

現在注意你喉嚨的感覺，舒服嗎？注意肩膀，你感覺肩膀是重的？是輕鬆的、是舒服的嗎？或者有其他的知覺？

現在注意你的手臂，感覺如何？注意你的手肘，手腕，手掌……手臂……手指頭……

從大姆指，食指，中指，無名指，小指頭；感覺你整個二個手臂到手指間……手的感覺，是輕鬆的或者是緊繃的？

現在注意前胸部的感覺，覺得你的胸部有悶悶的感覺嗎？或者是很舒暢的感覺？覺知到你呼吸，肺部的感覺嗎？心臟的跳動嗎？肺部的感覺如何？

你的胃是舒服的？不舒服的？脹的？或是有其他的知覺？

現在注意你的小腹部，丹田，你腹部的肌肉是堅實的，或者是鬆軟的，

你察覺到你的肚臍嗎？腸子的感覺嗎？

現在覺知你的鼠膝部，有熱熱的感覺，或者沒有感覺？感覺到你的生殖器官嗎？放下……注意你的背部的感覺，你覺得你的背是歪的，或是正的？舒服嗎？

注意你的肩胛骨、腰部的感覺，有腰酸背痛嗎？注意你的臀部的感覺……

現在注意你大腿的感覺，你覺得它是舒服的或是緊繃的，

注意膝蓋，你膝蓋疼痛嗎？或是舒服的？注意小腿的感覺，你感覺到小腿肌肉嗎？注意你的腳踝，腳底，有熱熱的溫度嗎？腳面，腳趾頭……

再一次感覺你的腳趾頭，有沒有刺刺的感覺？

腳底，腳面，腳踝，小腿，膝蓋，大腿，整個兩條腿的感覺是舒服的嗎？

現在注意你的臀部，感覺如何？你的背部，你背部是舒服的嗎，或是腰酸背痛？覺知你的鼠膝部，注意你的小腹部，你的肚臍，你腸子的蠕動，

現在注意你前胸部的感覺，胃部的感覺，舒服嗎？

心臟的感覺，肺部的感覺，整個前胸部舒暢嗎？還是悶悶的？

現在注意你的手指頭，大姆指，食指，中指，無名指，小指頭，

察覺手臂，手掌，手腕，手肘到手臂的感覺，放鬆它

注意你肩膀的感覺，輕鬆的嗎？沉重的嗎？放下它；

注意你喉嚨的感覺，膀子的感覺，耳朵的感覺，

注意你下巴的感覺，嘴唇，人中，鼻樑，

你的面頰，眼皮，眉毛，前額，整個臉部的感覺，放鬆它，讓自己微笑，

現在注意頭部的感覺，從前腦到後腦勺，覺察整個頭的感覺是輕鬆的，沈重的，舒服的，不舒服的感覺嗎？注意到頭頂上的感覺；注意調整呼吸

現在將注意力放在兩眉之間的第三眼，我們靈性的眼光；感覺一下你靈性的眼光，注意你有沒有任何害怕的感覺，害怕的感覺，你現在怕什麼？

怕死亡，怕生病，怕孤獨，怕被遺棄，怕不被瞭解，怕不被信任，

怕自己的未來，怕黑暗？察覺你的害怕感覺，承認它，接納它，

放下，所有的害怕，恐懼，

耶穌說：不要害怕，我與你同在，直到世界的終結；

不要害怕，不要害怕，我與你同在，直到世界的終結。

現在將注意力放在心，感覺你的心情：我的心情現在哀傷嗎？焦慮嗎？擔心嗎？有沒有哪個人，或哪件事，我掛慮，我擔心？意識它，承認它，接受它……。

在人際關係上，有沒有受傷的感覺，委曲的感覺，被誤會的感覺，不被接納的受傷感，哀傷，沮喪的感覺嗎？

放下它，耶穌說：我是良善心謙的，我是良善心謙的，我的擔子是輕鬆的，我的軛是柔和的，凡負重擔的，都到我跟前來，我要使他安息；

將我們所有的擔心，掛慮都交託給耶穌，信賴祂，全心信賴祂，

耶穌說：天上的飛鳥，地上的花草，我都一一照顧，何況是你呢？

全心信賴天主，即便現在不能懂得，奧祕的痛苦，都交託，信賴耶穌；

現在感覺你的腹部，丹田的地方，感受你的丹田，

你有沒有感覺到任何的憤怒，生氣，有沒有對任何的人或事生氣，或是對自己生氣，報復的感覺，憤恨的感覺，如果有，承認它，接受它，用最溫良的心，來包容接納，我的生氣，我的憤怒；

承認我的生氣，憤怒，憤恨，不能寬恕的感覺，我不能寬恕那一個人嗎？

放下，放下，放下你的憤怒，放下，放下你的生氣，

放下一切跟隨耶穌，放下一切跟隨耶穌，

天主的心比我們的心大，我們沒有全部的眞理，我懂得的眞理只有部分，

放下我的生氣，求天主賜我力量寬恕得罪我的人，

耶穌說：凡事先尋求天主的國，和祂的義德，其他的一切自會加給你們，

眞理會使你自由。

現在再一次地體會整個的人，我還有沒有任何的害怕感覺呢？我還有沒有傷心哀痛的感覺呢？我還有沒有生氣憤怒的感覺呢？

如果有，溫柔地承認，接受這些感覺，然後一一地放下它，交託給耶穌，全部，全部交給耶穌；這樣我才能全心、全靈、全意愛天主。

現在讓我們全心，全靈，全意讚美感謝天主，賜給我的生命：

我的生命是一份禮物，是珍貴的，是獨一無二的，我是天主的愛子，愛女；

我願為我的生命讚美感謝天主，讚美感謝天主賜給我的優點，長處，

也讚美感謝天主所賜給我的缺陷，一切為光榮祂，讚美祂，一切來自於祂，也歸於祂；為我的生命的禮物讚美感謝天主，讚美感謝天主；

現在也為我們的祖先，我們的父母，所有這一路上，陪伴過我、帶領過我、賜給我生命養份的親朋好友、神師、恩人，

讓我們一一為他們獻上我們的祝福和感恩；

為我們不喜歡的人、討厭我們的人、傷害過我、得罪過我的人，獻上祝福和祈禱，寬恕，寬恕得罪過我們的人，

現在為我們的家人，兄弟姐妹，我們的好朋友，我們所關切的人，獻上我們的祝福和祈禱，

現在為那些心靈痛苦的人、在黑暗中的人，被人遺忘的，孤獨的人，被人忽略的人，獻上我們的祝福和祈禱，

為生病的人，為孤苦的老人，為在瀕臨絕望，生死邊緣的人，獻上我們的祝福和祈禱，

現在為那些託我們代禱的人，我們答應為他們祈禱的人祈禱，

現在為我們的家庭，團體，我所屬的團體，我的國家祈禱，

現在為世界和平，尤其那些戰爭的地方，衝突的地方，我們祈求和平的主，帶了世界眞正的和平，現在我們可以為我們自己的意向祈禱，

現在讓我們將所有的意向結合在耶穌的祈禱中，一起祈禱：

我們的天父，願祢的名受顯揚，願祢的國來臨，願祢的旨意奉行在人間如同在天上；求祢今天賞給我們日用的食糧，求祢寬恕我們的罪過，如同我們寬恕別人一

樣，不要讓我們陷於誘惑，但救我們免於兇惡。

現在也讓我們將所有今天的一切，也求聖母瑪利亞在天上，為我們轉禱，保護我們，帶領我們，也學習像她一樣的信德，相信，為天主沒有不可能的事情：

萬福瑪利亞，妳充滿聖寵，主與妳同在，妳在婦女中受讚頌，妳的親子耶穌同受讚頌；天主聖母瑪利亞，求妳現在和我們臨終時，為我們罪人祈求天主！阿們！

讓我們將所有的快樂、痛苦、奧祕，所有的擔心、掛念、所有的恐懼、生氣，全部熔解在天主聖三的共融內，

無限慈悲的天主聖三，將這一切熔化在祂的聖心中，

願光榮歸於父及子及聖神，起初如何，今日亦然，直到永遠！阿們！

心靈目光仰望主耶穌基督，我們全心仰望主耶穌基督。

第六章

生活是天主的言語

Life is the Language of God

當我們真正的生活在當下時，我們的生活就是表達了神的言語。我很喜歡下面這首短簡的歌詞，表達了人的生活和神聖的關係。

「人只要存在就是一種祝福，只要活著便是聖的。」

（Just to be is a blessing, just to live is holy. Just to Be, Just to Live is a blessing, is holy.①）

我們雖不全是美好的，但我們是聖的，因為我們的一切是來自神，祂是聖的。

1. Just to be is a blessing, just to live is holy. (Words to refrain from Rabbi Abraham Hershel)

安靜吧！要知道我是神。②
在寧靜和信任中，你會得療癒。
當你注視時，你就會發現我和你在一起。
看！多麼美麗的野花如何生長
它們不紡紗、勞作或編織
然而它們的微笑，卻使我們的天主喜悅
看！天空中所有的鳥兒
他們不會聚集在穀倉
然而，我們的天主卻照料他們
看！孩子雖斷奶了，
但睡在媽媽懷中卻心滿意足了。
我的靈魂啊，信靠我們的天主吧！

成為真正的自己

每一個人的生命可貴之處在於做真正的自己，當你學會了承認並尊重感情上的自我，並且做你真正想要做的事時，你將是有生以來，第一次對周圍的人安全而無

2. 《聖詠》46篇10節。

圖卅三　做真正的自己

傷害。真正的「我」是自由的、無私的；當你沒有恐懼、擔心、焦慮和不安全感時，你是較自由無私的，你也能真正的愛人。自我中心的人，其實是活在假我之中。一個人之所以會自我中心，是因為受過傷害，因而保護自己、防衛自己。

要如何更成為真正的自我呢？我越來越相信，是要聆聽我們每個人內在的聲音，如此我們就會聽到自己的故事，給自己開啟希望之門。當我們能寬恕別人時，就是釋放監牢裡的一個囚犯，而那個囚犯其實就是我自己！實際上，每個人的生命會自己找出路，因為真正的生命會生出新生命，真生命是生生不息的轉動和流溢。愛是我存在的理由，是我真正的身分、真正的性格、我的名字。所以，只要做真正的自己，就是受到祝福的；只要好好的生活，就是聖的。

人的慣性常是，不斷的尋求食物和思想，以為這就是生存的意義。這使我們不斷的形成某種自我，而這種「自我」（ego）常是自我中心的。每個人的注意力都有三個不同的時間點，即：過去、現在和未來。大多數時候，我們將精神放在留戀過去，以及計劃未來，而沒有真正地活在此時此刻／當下，因此沒有真正地享受當下的生命，也沒有真正的生活。換句話說：沒有覺醒的生活，就是沒有真正的生活。

艾克哈特．托勒曾說：「你活在此時此刻此地的目的，是天主為了展現祂所創造的宇宙，這就是你生命重要與可貴的原故。」③生活其實就是天主的言語，從某個角度來說，當人能聆聽生活的實相時，就是聆聽天主，並在這樣的生命歷程中不斷的成為真正的自己，也是每個人的天命。真正的我是自由、無私的；當沒有恐懼、擔心、焦慮和不安全感時，才能較自由無私的，也才能真正的愛人。自我中心的人，其實是活在假我（殼子）之中，生命的價值在於做真實的自己。

我們的鄉愁有如老子說的「歸根曰靜」。從歸根曰靜圖，我們可以看出我們真實生活成長的歷程，它包括我的身體、心理、年齡和精神／靈魂的成長過程。人從出生就開始有鄉愁，隨著年齡的增長，思鄉越來越強烈，也就是想歸根，想找真正的平安，真正永恆的家鄉。回歸其實不只為了療傷，更重要的是重拾至真至樂創造力豐沛的自我。所謂第二度的純真。孟子說：大人者，赤子之心也！耶穌說：除非你變成小孩，否則不能進入天國。我們真實的成長是從出生的純真邁向第二度純真的歷程：

- 我們的生命首先來自一個根源，透過父母出生。個別的生命始於母胎中的成形，而嬰兒的意識和母親是一體的混統意識，沒有你我區別（大約是六個月之前）；嬰兒漸長，自我也逐漸形成，分別心就逐漸開始。

3. 中譯本《當下的力量》，作者參考原文 *The Power of Now*（Mumbai, India：Yogi Impressions,2001）, p.vii

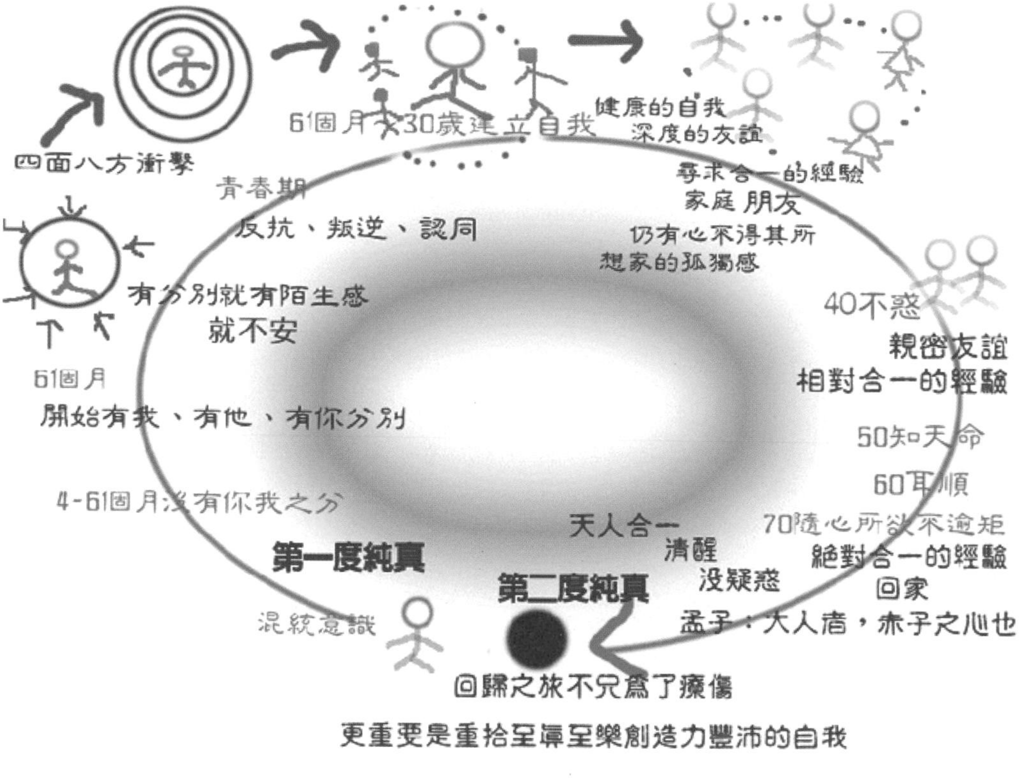
四面八方衝擊
6個月～30歲建立自我
健康的自我
深度的友誼
尋求合一的經驗
家庭 朋友
仍有心不得其所
想家的孤獨感
青春期
反抗、叛逆、認同
有分別就有陌生感
就不安
6個月
開始有我、有他、有你分別
4-6個月沒有你我之分
第一度純真
混統意識
40不惑
親密友誼
相對合一的經驗
50知天命
60耳順
70隨心所欲不逾矩
絕對合一的經驗
回家
天人合一
清醒
沒疑惑
第二度純真
孟子：大人者，赤子之心也
回歸之旅不只為了療傷
更重要是重拾至福至樂創造力豐沛的自我

圖卅四　歸根曰靜

- 自我形成最強的時期是青少年時，因為是青春發育時期，一個尷尬的時期，需要建立自我的時候，尚未成熟，通常也是較自私自大的時候。他／她為了建立自己，找同儕的認同，或崇拜他／她們的英雄偶像，而反抗父母或排斥別人。是一個反抗期。
- 到了成年期（約在二十五～三十五歲之間），這時會渴望相對的親密關係，這時會發現我跟別人是一樣的重要，漸漸會從我觀到我們，渴望友誼、親密的朋友，渴望與人合一的經驗，以至於結婚、建立家庭，並渴望有小孩。若能在較健康的成長歷程中，就能漸漸地趨向成熟。
- 成年期之後，雖有親密關係，家庭生活等相對合一經驗，但內心也會愈來越渴望絕對合一的經驗。孔子認為的人在五十歲時知天命，六十而耳順，七十而從心所欲而不逾矩吧！
- 這是一個螺旋式的成長歷程，由小的自我到大我，到超越的覺醒過程，到第二度的純真，也是在一個宇宙內，從根源回到源頭的一體歷程，。我們從出離母胎，經歷不同階段的分離（斷臍、斷奶、就學、反抗期、結婚等）與結合，達到天人合一的境界，回到我們真正的家。

人常會渴望更絕對合一的經驗，因為這是人最快樂的時候，也是忘我或無我的時候。實際上，每個人內有一種最深的孤獨感，有一種很內在的鄉愁，因而在暫時的忘我或空虛自我時，會有一種釋放的感覺，有如我們的逾越奧蹟。通常藝術、音樂、大自然、舞蹈、遊戲或宗教經驗，都可能達此種境界。因為我們在此境界中與另一位合而為一。所以詩人T. S.艾略特說：「……深深地聽音樂好像是全然沒聽一樣，因為當音樂持續時，你就是音樂了，這是一種自我超越的狀態，因為你已與音樂合而為一。」在人內常常有更深的渴望，與另一位或神絕對的合一；換句話說，我們渴望回到我們的根源、我們永恆的家——天主。所以當我們越在健康的成長，我們會越簡單、越透明、越真誠，因而也越少判斷、越少有分別心。是回到真正的家，是天主的居所，是愛的慈悲之地——在那裡，有包容、真福，沒有疑惑，只有單純和真平安。這也是我們意識覺察的成長，直到真相的圓滿，在那兒，有一切的美、真、善、驚奇，以及聖④。就是老子的「歸根曰靜」吧！

陸達誠神父說過：

東方的禪要人退入「虛」，「寂」，「空」，「無」，要人一無所有，體會四大皆空。禪要掃蕩語言文字：「佛來佛斬，魔來魔斬」。惠能與神秀鬥智，神秀的

4. Deepak Chopra, *Ageless Body, Timeless Mind* (New York: Harmony Books, 1993), pp.51~76.

機智是「有」——「身是菩提樹，心如明鏡臺，時時勤拂拭，勿使惹塵埃。」而惠能以「無」贏得了五祖的傳缽——「菩提本無樹，明鏡亦非臺，本來無一物，何處惹塵埃。」可見「無」才是禪的真髓。佛教雖然著重「無」，但這個「無」一定不是「絕對無」，否則難以理解誰來收成。

基督宗教肯定「有」，主張有靈魂，有位格。但這個有位格的我在與天主交流時，二個位格間有所謂「我與您」之說法。這種結合與無位格際之結合，不可同日而語。後者像一滴水落入大海，水海不二，完全融合。而位格際之結合無法有此聯想。因此無我之說，及無我之境，似乎更能描寫天人結合之深邃和滿全。……神祕家如艾克哈（Meister Eckhart）⑤不會在意神人結合時，二者的位格性全然消失。完美的神人結合使人超越自我意識，不再有「我與您」之感，二者的關係若「你泥中有我，我泥中有你」，無法再分彼此。這是無我的絕境，此世僅能剎那有之，只在來世才得徹底實現。巴不得在與天主結合時，自我完全消失，那才是我的真福。⑥

你是否很有共鳴呢！

越做自己，越能愛！

5. 1260~1367。神聖羅馬帝國神學家、哲學家暨神祕家。本名Eckhart von Hochheim。
6. 陸達誠神父散文選《靈修協奏曲》中的一篇〈逐漸消失的自我〉，台北秀威資訊科技2019.07 , pp.237-238.

人類生活的複雜，包括我們的思想、本領、理念、意志、意向、夢、靈修認知和奧祕的經驗等，都是共存和互補的，有如一個網絡的相互影響。藉著天賦的智力治癒我們的身體；藉著感受推動我們的精神並給予我們活力，同時也在生態的意識中，吸引我們做宇宙的公民——我們的靈修，如此也促成我們身心靈的健康（奧哈拉 Dennis Patrick O'Hara）。

生活中的一切是在越來越成為真正的自己。要成為真正的自己，就是要學習擺脫過去經驗的控制（印痕），破除對未來不實的幻想。我們才有可能和別人一起為別人和社會服務。做人，不管是男人或女人，就是要活得更有人性。因為人是天主的肖像，而天主是愛，因此人之所以為人，是因為愛也是為了愛。其實，人最大的問題常在於拒絕做人而想做神，因為人不願接受做人的限度及他的易受傷性。耶穌的偉大在於祂接受降生成人的限度和易受傷性，因此祂全然是人也全然是神。這就是所謂的「越有人性越有神性」。人從出生到成年期是在學習做自己，而成人以後就要成為能愛人並為別人付出的人。耶穌說「當你喪失生命，就會得到生命」，就是指只有失掉小我的生命，才能進入大我的生命，這是生命的奧祕經驗。所謂的信德，就是失掉自我而投降。一個人越是成為真我，越能無私的為別人。成為人的聖召有三個幅度：做自己、與別人建立關係，愛人、為別人服務（見圖卅五）。

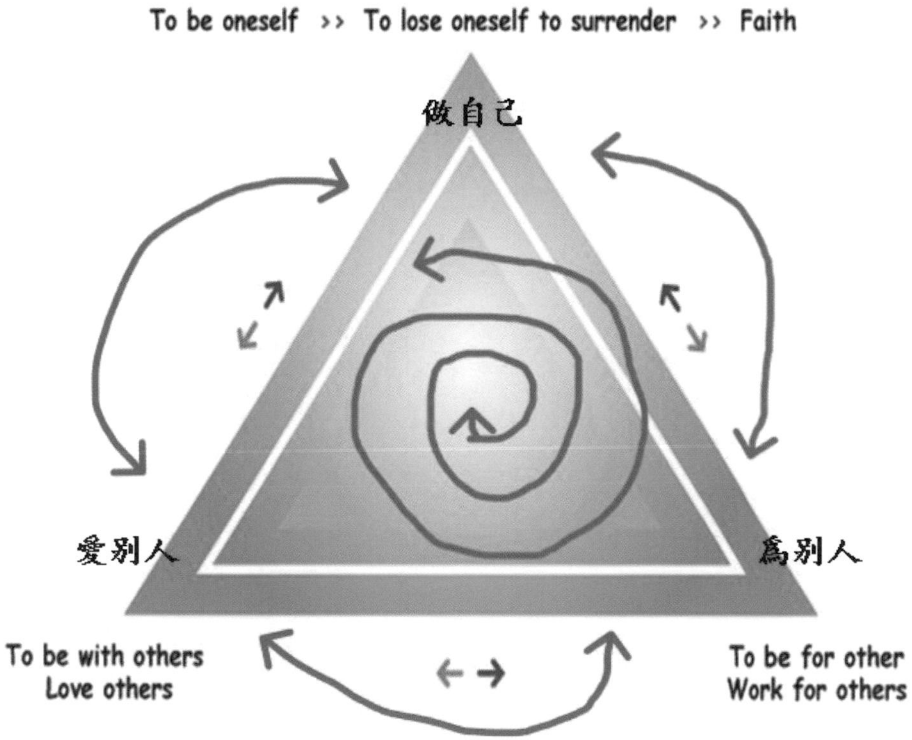
To be oneself ›› To lose oneself to surrender ›› Faith
做自己
愛別人
為別人
To be with others
Love others
To be for other
Work for others

圖卅五　成為人的聖召

人的三個幅度是相互關聯的，低自尊的人常會給人帶來麻煩。人人都渴望愛人並為人所愛，問題在於知道卻做不到。布雷蕭說過，那無人關心的受傷孩童，是人類苦難的來源，因為這樣受過傷的小孩長大後，往往無法有自尊，而低自尊的人最會給人製造問題。人與自己、與別人的人際關係常是錯綜複雜的，其實無論男性或女性的內心，都有相同的空虛不足、沒自信，以及自怨自艾，只不過通常用不同的形式表達而已。說實在的，人類必須先有自尊（接受自己、欣賞自己、肯定自己），才不會再折磨自己與他人。相信自己被愛、有價值，就是自尊的起點。自尊雖不是一切，但若沒有自尊，就一無所有。因此作父母或老師的，若能讓孩子或學生充分感受自己的情緒，活在當下，與他們共創真實的剎那，就是幫助他們建立自尊，小孩的自尊越小受傷就越困難治癒，所以胎教或嬰兒時期是非常重要的。

在任何無情的、不快樂的、或惡意的行為背後，都有一個對愛的呼求。當面對攻擊時，我們需要極大的智慧才能記得：愛才是最偉大的治療者。在天主內我們不都是一家人嗎？若我們的鄰人不能升天堂，我們能嗎？我們常會得理不饒人，而忘了愛才是你我所需的。有一個聖堂的對聯寫得很好：事不止於理，而是止於愛。

我們成長的過程一定多多少少會有受傷的經驗，因此如何去面對我們的消極經驗，並把它轉換成積極的能量，就成了我們靈修的一項功課。要經歷自己的感受，就是要聆聽自己內在的聲音，否則我們會成為別人的奴隸。「悟」就是去了解，除了要成為真正的自己，沒有任何它路。我們必須活在當下，並感受實相，如此，要再創快樂的童年，永不嫌晚！

其實，自尊就是發現真我。隱瞞真我的任何一部分，都是部分的死去，例如：甘地小時受英國統治，羨慕追求成為英國人，買昂貴的衣服、學法文、小提琴、交際舞等、一心想變成英國人，最後從挫敗中悟到：唯有回到真我，才是自由，才有真智慧，才有真正的膽力。他認為採用暴力就是模仿你的對手，所以甘地真正的成功就在他放棄作假的自我。從他肯定真我的那一刻起，他就發現了重大的祕密：高高在上的領袖，永遠不能提高人民的自尊。許多真正的偉人，都在打破虛偽的自我，而開始傾聽內在的聲音，才獲得真實的力量，然後致力於打破人與人之間的藩籬，團結群眾。

疼惜別人之道，在於：

- 每當有人進入你的心，每當你和別人在一起時，你便可以把你敞開的心當作送給他們的禮物。
- 每當你的心在敞開延伸時，想到他們，即使只是短暫的一刻，他們也將因此獲得滋養，並因而繁盛，他們會被提昇，會感受到被愛、會知道自己有價值。

- 其實愛才是你我他所需要的。要記得，在任何無情的、不快樂的或惡意的行為背後，都有一個對愛的呼求。
- 當你面對攻擊時，你需要極大的智慧，才能記得：愛才是最偉大的治療者。
- 一個人只有置身於親密的安全感中，自衛才可以撤除，如此，他才敢冒險在當下與自己的心連線。
- 只有當下，在永恆的現在，過去才得以釋放，療癒才得以發生。

圖卅六
走進人的心，疼惜別人

真正的愛——真正的自由

生命本是一場宴席，但大多數人活在飢餓、匱乏之中，常常被「焦慮」痲痺了生命，而活在昏睡狀態，並且可能從來沒有被喚醒過，就從生命的舞台走下來。多年前我曾在戴邁樂（Anthony de Mello）⑦神父的一篇演講稿中得到些啟發：我們從小就被父母或社會灌注一些藥物，使得我們整個身體渴望這樣的藥，好像沒有它活不成似的。這些藥物就是：渴望被讚美、欣賞、接受、肯定……，有如一個機器人，按了讚美的電鈕就興奮、喜樂，按了不讚美的鈕就哀傷、難過。整個人受別人的言、行控制，而失去了愛的能力，也沒有真正的自由。

什麼是真正的愛呢？先說什麼不是愛罷！首先，愛不是吸引，相互的吸引常是盲目的，這樣的滿足感很容易感到厭倦、焦慮、占有慾，這不是愛。其次，愛也不是依賴，為了自己的快樂而依賴別人。其實我們內心所逃避的和我們所追求的，都是發自我們內在，不是外在的。戀愛中的人常是最相反愛的，因為真正的愛不是彼此注視，而是同看一個方向。如果說：「沒有你，我就活不下去。」表示愛是飢餓。只有當一個人沒有恐懼、幻想時，這個人才有真實的愛。換言之：當他的心靈沒有障礙時，才能真實的愛人，才能轉變，並認出天主是誰；當他愈能愛時，就愈肖似天主。真正的快樂是沒有原因的，若他找到一份理想的工作而高興，那只是願

7. 1931～1987，印度籍耶穌會神父。著有《相逢寧靜中》、《靈修新徑》、《慧眼禪心》等均為光啟文化出版。

望的實現，很快會對它感到厭倦，所以不是去做什麼或擁有什麼會使我們快樂，而是丟掉一些不實的想法，我們才會快樂。一個人怎樣才會健康呢？不就是去掉他的病菌嗎？

愛只知如何去愛，也只想給出自己。人若為自己的朋友捨掉性命，再也沒有比這更大的愛情了。靈魂完全在他所愛之處，而非在生活的地方。真實的生命是愛。對人而言，生即是愛；不愛就是死。我們存在的唯一理由是愛。「沒有愛的希望」，活得比死還痛苦。

那些從未體驗過愛的人，也無法體會到喜樂的高峰。一個能愛人的人是很重要的。約翰．賴利（John Reilly）神父[8]曾在一次對修女們的避靜中說：「妳們中誰若沒有愛過人，最好出去結婚。因為你至少愛過一個人而受傷或死去，比從來沒愛過任何人而死還要有價值。」所以他開玩笑地說：「你若是三十歲而沒愛過人，最好出去嫁給第二等男人，這比躲在修院而不會愛人好。若是四十歲而沒愛過人，最好出去嫁給第三等、第四等男人……。」因為真正的愛人是作為人的根本價值。如果真正經歷愛人，受傷是無可避免的。我們的主耶穌基督就是來顯揚天主那無私的愛而受傷致死的事實。一個真正度獨身修道的人，應是有能力放下自己而愛別人，應是會叫人的情緒導向寬宏大量，使人更真實，更自由，也更有交付生命的能量。

8. 1928～2017。澳洲耶穌會神父，是帶領避靜及做依納爵神操的靈修導師。

換句話說是更有能力愛人的。

耶穌基督的降生為人，意思是神成為人，降生到世上來，是為告訴我們如何成為人，才能和他共融成為神。這也就是卡爾・榮格（Carl Gustav Jung）⑨所謂「越有人性，越有神性」（More human, more divine），這是「降生成人」，是一個歷程。人從母胎開始，在時間過程中不斷成長，我們不斷地成為更「成熟」的人，大部分的我們，可說是仍在「半成品」（half made），或說尚未成為真正的人。孔子說，仁者人也⑩；是至少兩個人相互的關係，更好說是仁愛的互動關係中形成的。所以能成為人，首先是被愛，才學會愛人，並學習不斷無私地去愛人。但愛的熱情有千種表達方式，有危險的只有一種，就是「過分或意圖不正」，但很多人常怕這「過分」的愛所造成的後果，所以很多人寧可選擇逃避去愛人。但也有很多人想要愛又怕被傷害，因此常壓抑某一種情緒，結果是壓抑全部的情緒。

痛苦是生命的種子

廣義來說，我們都還不是個完成受造的人，都還在過程中，每一個人的受造是獨特的，每個人有其特長，也有其限度，在成長過程中逐漸成為天主所要完成的『我』。有不少青年在父母、社會的壓力下，不太接受自己的性別或個性；也有不

9. 1875～1961，瑞士心理學家、精神科醫師，分析心理學的創始人。
10. 語出《中庸》第二十章。

少人，活在過去經驗的陰影下或習慣的步調裡，其實習慣常是我們生活中最大的毒害，它控制了我們，使我們不自由，以致於常去做些不該或不願做的事，而不去做願做的事或該做的事。耶穌也說：「如果你要跟隨我，該惱恨你的父母、兄弟……」，其實這段福音中的「父母、兄弟」等，是指那些存留在我們腦海裡，至今仍控制我們的思想、習慣。過去的經驗實在太影響我們，以致於我們常活在過去而不自覺，尤其是不好的傷痛經驗。大多數人不敢再去碰這傷口而逃避它。其實一個人只要認真地去生活，受傷的經驗常是不可少的，問題是該如何去面對／處理它。若不將它壓入潛意識中，反而更深刻地去意識它、承認它，並以無限柔軟的心去接納這個事實，那麼它就會成為成長的恩膏，而真智慧就開始。

人在長出智慧後，才「願意」放下手上緊捉的痛苦，而去拿屬神的禮物，會重新以基督的眼睛看過去的生命痛苦，原來過去的苦痛是天主在不好看的包裝裡，賜予著天大的恩典：發現死亡不斷的發生，使人意識到只有進入痛苦，才能將痛苦帶走，所以甘心樂意擁抱人性的脆弱、被痛苦破碎，直到有一天要向眾人舉行死亡的告別式，會竟然發現死亡的告別式成了「復活的慶典」。所以，過去的一切包括罪過在內，都已成過去不再返回，未來的一切憂慮、煩惱，也在盡了人事以後交託在天主手中，不要活在不真實的幻想中。若我明天死了，明天的事就不是我的事了。

其實我們的痛苦多半是因害怕未來或焦慮過去而產生的。當我們能進入痛苦裡，痛苦往往是可忍受的。凡是真實的感受，不受任何的威脅；凡是不真實的，根本不存在。如此，上主的平安就在其中，這就是我們希望的緣由。

害怕的感覺其實比受傷害更糟糕。但多數人常因害怕而逃避面對事情的真相，因而也逃避了聖神的活力。若你能讓自己深深的經驗害怕或恐懼感，你就會有一個意想不到的結果，就是：感激。做人的目的就是要去愛人，但若你真心愛人，也一定會受傷。所以有個神父說，若你不想受傷，只有兩個地方可去，不是天堂就是地獄。《聖經》上說，再也沒有比為你所愛的人犧牲生命更大的愛情，我們的主耶穌就是為祂所愛的人交出自己的生命。耶穌說，失掉生命就會獲得生命的奧祕就在此。所謂失掉生命是指失掉小我、假我的生命，如此才能獲得真實的生命，也是真我／大我的生命。

痛苦其實是天主化妝過的祝福。耶穌來，並非為解釋或取消我們的痛苦，而是為使痛苦更徹底的臨在；耶穌自己曾親受極大的痛苦，就是為了使痛苦成為我們得救的新因素。天主就是在痛苦的核心內，一切的痛苦就是祂，所以一個基督徒能體驗到的天主的臨在，並不會取消其吃苦的可能，也不會滅絕邪惡的勢力，因為這是我們此世生活的一部分。信德告訴我們，痛苦是生命的種子。事實上，教會最幸運的時分，常是她除天主以外沒有其它希望的日子，因為若有其它因素，我們就不會全然信賴天主了，這是我們信德的奧妙。

痛苦的時期是天主的時期，多時情況令人絕望，但這是正有希望的時候，因為幾時我們握有希望的理由，我們便不免信賴那些理由，但天主要我們信賴的不是理由，而是祂的許諾。意思是當人遇到痛苦時不要逃避，若能深入痛苦，並對它作出回應，此時才會帶來治癒和力量。故祈禱時不要太注意人、問題等，這一切是為帶領我們進入天主內，而不是注目的焦點。不論別人如何、事情如何，我要注意的是天主。一旦我開始只注意人時，痛苦就免不了。若你常常活在當下，也就不會有不能忍受的事，但如果你在八點時卻想著十點的事，你就會難以忍受了。

活在當下，注視天主就是此刻天主在我心靈的最深處，祂與我同在，這是祈禱最好的地方，只有現在是真實的。現在就是永遠，沒有結束。我這個人就是天主與我相遇的地方，這個自我是發現天主最重要的管道。簡單地說：祈禱就是此時此刻注意天主。有時我們太掛慮痛苦、困難、問題、工作等，其實這些痛苦、問題是你的天主嗎？「你」是天主嗎？有人祈禱只為求解決問題或找尋安慰，而不是去找天主自己。祈禱並非改變現狀，而是叫人看清現狀，有如在黑夜中來了一道光。

貧窮與軟弱中的成長

在我最初的信仰經驗中，常以為找到天主了，但在完全投身進入修道生活後，始終有更深的渴望與天主溝通，因此不斷地追尋各種祈禱方式、神學知識、心理學、神師的神修指導或東方靈修的靜坐或內觀祈禱等，以為從外在的人或知識可以獲得對天主的認識與溝通方式，但越來越發現自己其實是活在某種幻想中。越追求天主，越不斷地經驗到自己的軟弱與限度。記得在誓發終身願之前的避靜中，曾告訴神師說：「我覺得自己的靈修越來越退步。」神父回應我：「神修的進步就是貧窮與軟弱的成長，而非力量與能力的成長。」當時就是這句話，給我帶來了平安，使我能決定誓許終身度奉獻修道生活，並因而發現認識自己的軟弱，才是認識天主的開端。

福音最偉大的喜訊就是**天主成了低微和易受傷害者**。我們的救恩就是在極端易折傷下贏取的，耶穌這貧困失敗的一生所結的果實，是給所有信仰祂的人永生。我們實在很難掌握天主這易折性的奧蹟，即使那麼一點，我們也得費盡九牛二虎之力。天主降生成人和其他的人性是沒有不同的，祂之所以降生成人就是為了穿透權勢之牆，而在完全的軟弱中生活。聖保祿是透過他的軟弱經驗遇到天主的德能。

盧雲（Hanri J. M. Nouwen）神父⑪說：「納匝肋的耶穌，不僅僅在**軟弱無權**

11. 1932～1996，荷蘭天主教靈修作家，深受安東・博伊（Anton Boisen）牧師、牟敦神父、林布蘭、梵谷等影響。著有《向下的移動：基督的捨己之路》、《遇見牟敦》等。

勢中出生，也在**軟弱**中死亡，更奇怪的是，他度一個完全**軟弱**的生活。」⑫我們就是透過彼此的**軟弱**，經驗到被邀請更深入友誼和愛的聯繫；也在透過我們的**軟弱**中被挑戰，並在**軟弱中匍匐前進**，直到撥開生命的雲霧，才會放下武器而彼此寬恕，締造和平。此外透過我們的軟弱，我們不斷被耶穌的話提醒，你們這些愚鈍的人哪！人子不是必須受苦才能進入光榮嗎？

感受是天主的言語，當我聽到我的感受時，我就開始和天主有接觸。其實，天主成為人，與任何人都沒有相異之處，是為了打破在完全軟弱中力量的高牆；這不僅是在耶穌的誕生與死亡，也在祂的整個生命和我的生命中。

耶穌為何選在曠野中做默觀祈禱？因為在曠野，不是叫人學習什麼或不學什麼，也不是要解釋一切的事情，而是要人拒絕**太快去做判斷**。在判斷之前，得在安靜中觀察與覺知自己，好能淨煉自己。一旦我贊成或不贊成某人或某事時，我就無法真正瞭解事情的真相了，因為**「我」太在裡頭**。在默觀中，會失掉自己所執著的，所以，默觀祈禱常是**自我捨棄最徹底的方式**。因為默觀生活中的每一個矛盾，無論是內在或外在的，大的或小的，都可看作冰山的尖頂，是埋藏在更深更大的冰山下所露出來而毫不顯眼的一小部分。但這一小部分可以讓我們探索內在生命所隱藏的一切思想、感受的表層下的東西。天主在我們生命的深淵內，但除非我們能揭

12. 中譯本《尋找回家路：生命和靈命的導引》已出版。作者引述自原文 *Finding My Way Home*（New York, Crossroad, 2001）, p.33

露並承認內在的恐懼、焦慮、憤怒和不安全感等，我們就無法真正進入天主的仁慈、寬恕和愛的懷抱中。真正的默觀是長時間以愛的注視和靜觀。

在我個人的生命旅途上，不斷地追尋那位稱為天主的神，從生命經歷的各種挫折中，越來越意識到原來要與神相遇和溝通，是在經歷自己的軟弱與挫敗中發生的，而更深地明瞭，榮格所說的越有人性越有神性的意思了。在榮格晚年時有人問他是否祈禱，他回答說：「求或不求，祂都在的。」其實我們大多數的人是活在過去或未來的，而鮮少活在當下的。在日常生活中，無論是生活或祈禱，我們常是人在心不在。在榮格晚年時，他的一個門徒問他說：「什麼是你真正的人生朝聖之途呢？」他回答說：「我的旅程是往下爬千個階梯，這樣我才能到達我生命的終點，可延伸我的友誼之手到達大地的土塊上，因為我原本是『土』。」

卡爾·拉內（Karl Rahner）⑬神父說：「我們信仰的信理就是我們自己最深處人性經驗的表達與流露。」真正的救贖來自人的內心，信仰的最根本就是對生命答覆。是一個承諾，一個抉擇；我們無法證明生命是有意義的，我們所能說的就是這個抉擇（信仰）導引我們走向愛——也就是對現實與日俱深的關懷，以及日益加深與信仰的契合；不做這樣的抉擇，就會使我們走向孤獨，憤世嫉俗、自私、甚至精神失常。所以我深深體會天主是透過生活中的一切人或事和我們說話，我們需要聆

13. 1904~1984。耶穌會士，奧地利因斯布魯克大學（Innsbruck University）信理神學教授。二十世紀歐洲最重要的天主教神學家。

聽，用整個生命去傾聽祂。意思就是以身、以心靈去聽，不是只有理智上的聽文字而已。因為很多時候，只是文字是死的，但生命是活的。

很多偉大的人都深深體會生命中，越少其實是越多，意思是渴望簡化生活，或說是減法的生活。因為今天的人已越來越活在多重壓力中，因而心靈空間變得少了。生活越簡樸的人，內在會有寬大空間去擁抱他們靈魂的每一個部分。在我們生命的終點，所能留下的，不是你所得到的，而是你所給出的。大部分的人總以為擁有更多是更好或安全的……雖然我多年以前，在讀神學時就經驗到要從腦走到心的路程是很不容易的，我有時恨不得能吞下我所讀的好知識，但到今天，活到人生的後階段，我更明白生命的歷程，事實上就是從頭腦走到心的路程。換句話說是往下走的路，一直到我呼出最後的一口氣息為止。這是我們一輩子的路，也是我們信仰靈修之路。我整個聖召使命也就是在這樣的路途中，試著去彰顯天主的人性化臨在⑭，讓人認識天主真正的面貌是的仁愛、慈悲、寬恕！

14. God's humanization presence

圖卅七　天主／神的人性化臨在

圖卅八　藝術——天人交會的場域

土黃色意味著大地是人的本源
深藍色意味著玄奧高妙的愛是天心
人越深入大地，也越進入天心
天地人在深處交融

第七章

藝術的創造與靈性／藝術是天人交會的場域

The Art of Creation and Spirituality

第一次在美國上無限創造力的畫圖課時，老師說：「哪個顏色『叫』／吸引你，你就去拿畫筆用那顏色畫任何浮現在你的感覺的圖。」當時，我很驚訝，我竟不是選顏色的主人，而是要憑直覺；那麼誰是選顏色的主人呢？原來顏色是有能量的，在你內流出哪一種能量，你就去回應它。好像在我們內有一個比我還大的力量在引導我。記得教宗若望二十三世說過，「我比教宗（角色）大，所以晚上我可以睡覺。」這種畫圖是在答覆生命深處感受的邀請，不是從思想或大腦來的。是一種自由的答覆（respond），而不是機械式的反應（react）。唐望．馬圖斯（Don

Juan Matus）說：「一位騎士最感困難的部分，莫過於意識到這個世界是一個有感受的世界。當一個人不在做事時，是在感受中的。」**所謂無中生有叫創造，是來自體感的，和製造是不一樣的**。

其實每個人內心是嚮往美麗的，也就是人的靈魂對美的饑渴。我們到各處找尋美感，在風景、音樂、藝術、衣服、花園、同伴、愛情、宗教和自己的內在美等等。沒有人不想要美的，因為當你經驗到美時，會有回到家的感覺。我們內心世界有多少不可知、無法觸摸的地方？人類的現狀是複雜而失焦的，我們幾乎仰賴外在與偶然的事物，人在世間事物中流浪，很多事物都可以哄騙、奴役人，而且把自己當作天主。精神生活卻能幫助我們接受隱晦、黑暗的自我，學會從靈魂的沃土中，釐清行動的邪惡產物，準備好土壤，新生命才能在我們內成長。

羅爾神父說過，「最美好的事情是無法談論的。」次等好的事則常常被誤解，因此我們通常只能用象徵、圖像或比喻等來表達那美好的事。而在我們實際的生活中常花費大部分的時間來談論第三等好的事，因為我們需要談論，也渴望去瞭解①。

曾聽過一個故事：「從前有個皇帝，他要找最好的藝術家來整修他的廟宇；最後有人給他找來兩位有名的藝術家，皇帝就讓他們各整修一座廟宇。其中一個把這

1. Richard Rohr, *Near Occasions of Grace,* (Orbis books, Maryknoll New York,1993), p.xi

舊廟宇塗上各種美艷麗的色彩，金碧輝煌。皇帝看了很滿意。另一個沒塗任何顏色，只有洗刷牆壁、柱子，直到那成年的大理石牆壁、地板、柱子等都呈現原色和發亮，整個廟宇都變得和諧的自然美。」結果皇帝喜歡哪一個呢？猜得出來吧！是那個呈現原始的自然之美超過人所加的色彩美更吸引人。

畢卡索（Pablo Ruiz Picasso）說：「藝術就是剔除那些累贅之物。」我想就是清理我們內心之複雜、不必要、不斷干擾我們的瑣碎、卻又不是真正核心的事務。這樣，我們才能回到生命的零點—源頭天主，那是真正的活水，永不再飢渴的泉水。如同艾克哈說：「要在靈魂內找到天主，不是要加添什麼，而是要在不斷減損的過程中發現的。」就好像一棵水果樹，在不斷地修剪後，會結出更豐盛的果實。我們的生命也要這樣不斷地被修剪，才能散發新的前進力量。這就是耶穌所說的，「你失掉生命就會獲得生命」的奧妙。所以畢加索說，藝術就是剔除那些累贅之物，意思就是要回到受造物原始的美，就能展現你生命的獨特和美麗。

所以放下自我，是進入神祕經驗的歷程，也就是說，當我們能全然放下自我中心時，我們便進入擁抱整個宇宙的情懷中。其實，宇宙才是我們真正的歸宿，死亡是我們的朋友；當你學會死亡，你就學會生活，因為死亡是去除掉一切不是屬於你的；如果在你的身體死亡以前，你就能懂得死於自我（ego），你就能發現沒有死亡這回事的生命奧祕。雖然人類的生活越來越緊密，但彼此間的距離感卻也越來越大。為什麼呢?因為，神祕經驗是一個「無為的承諾」（engagement of non-action）。這種無為的承諾，就是一個空虛自我的歷程，是一種穿透的經驗，是讓我們回到生命的零點，從這兒我們會接觸到我們存有的最深處，並從這兒來答覆生命的召叫。

蔣勳說：「美學*Esthetica*，直接的翻譯是感覺學，整理我們的感覺，意即探究我們的視覺、味覺、聽覺、嗅覺、觸覺，到日本譯成漢字就定名為美學。知識不等同感受。美並不是一種知識，美可能比知識高，是一種心靈上的感受。美學也不等於美。美不能打分數，美是知識的解脫。藝術是一種美。[2]」可見美感是出自感覺的。而經驗天主可說是經驗到美的高峰。

創造力是聖神的使者，它的信息以獨特的方式，甦醒每一個「靈魂」。創造的歷程也是我們及地球生命治療的工具。就如諾威奇的朱利安（Julian of Norwich）[3]提到的「創造性可以被視為蒙召叫進入神祕主義，而與靈魂成為一體。」音樂家莫札特並沒有製作音樂，而是進入音樂的領域，並透過他把音樂表達出來。這就是天堂的祕密。藝術的創作是來自直覺的感受，所以當你壓抑感受時，就阻礙了你的創造力。

2. 蔣勳，《美的覺醒》（台北:遠流，2006），16頁。
3. 1343～1416，真實姓氏不詳。中世紀英國密契主義者暨作家，著有《神愛的啟示》。

德日進神父曾說：「當我注視最內在的自我，我會發現一個源泉，在那兒，我敢說就是我的生命。」其實，我們的創造力才是我們真正生命的召叫（vocation）。我們生命的召叫不是來自我們的意志力，而是來自聆聽內在生命中發生的一切密契時刻和深刻矛盾關係中的啟示，所引發的能量。我們來到這世界的目的，就是要去答覆這個奧祕的召喚。坎柏（Joseph Kamble）也說：「生命中該做的事，要以創意的心情來完成。」當我們活出我們的聖召（天職）時，我們就是走向整體／聖人（whole／holy）。所以要知道如何以心去選擇自己的道路，就是要去隨從自己的直覺。因為當我們接觸到直覺時，我們就得以成為整體。天主那微小的聲音，從來不會要我成為另外一個人。因為天主才是真正的大藝術家。

「心靈」到底是甚麼呢？雖然人類的生活越來越緊密，但彼此間的距離感卻也越來越大。為什麼呢？甚麼是為別人最珍貴的禮物？豈不是「人在心在」嗎！所謂屍體在哪裡，老鷹就在那裡！或耶穌所說的：「你的財寶在哪，你的心就在那裡」是一樣的意思吧。祈禱其實就是心之所至。其實，神祕經驗是一個「無為的承諾」。必須一再強調，這種無為的承諾，就是一個空虛自我的歷程，是一種穿透的經驗，是讓我們回到生命的「零點」，從這兒我們會接觸到我們存有的最深處，並從這兒來答覆生命的召叫。

真正的生命藝術，不是你做什麼，而是你怎麼做。不是你看到什麼，而是你如何看。不是你說什麼，或你知道或成就甚麼，而是你如何臨在。

為那些懂得如何看的人，了解在大自然裡，沒有一物是俗劣的，一切都是神聖的：你不能以你的野性（Wild nature）去反省你的靈魂，因為你的靈魂就是你最野的天性。

艾克哈說：「要在靈魂內找到天主，不是要加添什麼，而是要在不斷減損的過程中去發現的歷程，也進入擁抱整個宇宙的情懷中。」事實上，宇宙才是我們真正的歸宿，死亡是我們的朋友，當你學會死亡，你就學會生活，因為死亡是去除掉一切不是屬於你的，在你的身體死亡以前，你就能懂得死於自我（ego），就能發現沒有死亡這回事的生

圖卅九　零點，創造的子宮

命奧祕。

卡蘇（Michele Cassou）在她的書中提出「零點」這個觀念，這是介紹一種原始的方法，去激發創造的潛能，並甦醒創造的熱忱，為解開創造的束縛，好讓靈感流露。這是一種非侵略式（non-invasive）、非技巧性的、透過本能力量的創造，類似老子所謂的「無為而『至』」。所謂「回到創造的子宮」，是由沒有判斷、沒有目標的導向而成的。它運用自我質問（self-question）的方式來面對疑問、衝突或其他感覺。

卡蘇認為，在我們內有三條巨獸／龍（如下）漫遊在創造的追求中，即：「成就（產品）」、「意義」和「掌控」的野獸。所以我們就無法真正自由的創作。（參見圖四十）

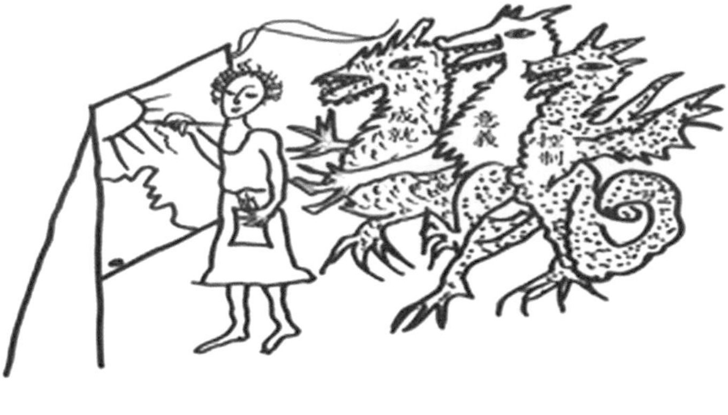

圖四十　內心三條巨獸

- 成就的巨獸就是：我們常以為，學越多越有成就，事實上，這樣會堵塞我們直覺的流露，因為你太在乎別人的期待或個人的成就，而失去了自由。其實，判斷是封閉創造力之兇手。（參見圖四十二）

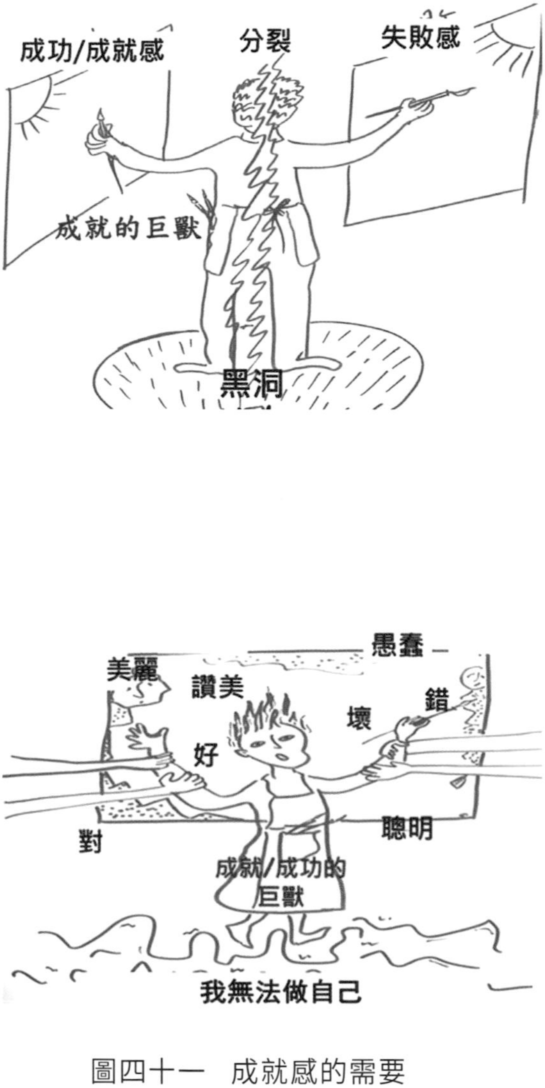

圖四十一　成就感的需要

- 掌控的龍就是：因為需要安全感而掌控，深恐陌生的未知或改變，不易信任自己的直覺而去冒險探索。：控制的需要掌控的龍就是：因為需要安全感而掌控，深恐陌生的未知或改變，不易信任自己的直覺而去冒險探索。（參見圖四十二、四十三重）
- 意義的巨獸就是：害怕面對空虛和未知，每一個行動都需要合

圖四十二　控制的需要

圖四十三　意義的需要

理的解釋、分析和意義，而不敢靠直覺，因而阻礙了感受的探索和進入生命的奧祕。因此，你也就成為你思想的奴隸。

如何面對這三條巨獸的挑戰，就是創造和治療的歷程。當這三條的巨獸被解放後，我們就能回到生命的「零點」——創造的子宮，在那兒會有無限的可能性，是解開束縛、進入神祕、靈魂復活、天主之神臨在的地方。在這裡，會體驗到一種新世界觀的意識境界。我相信這接近榮格所指的「真我」、老子的「道」和基督宗教的聖神（聖靈），甚至是佛教所說的「空」或「無」的境界。釋放內心的三條巨獸，就可淨化內心，得到內在自由。

卡蘇也認為：「『零點』是創造（作）的利劍。是一種存在的狀態，在這兒沒有任何壓力、拉扯或推擠，是一個完全自由、沒有分別心、有感受空間的場域。」這就是老子所謂「無中生有，謂之創造」的奧理吧。這個無、空就是卡蘇所謂的「零點」。一個人真正、唯一學到的知識，其實是出自自己的創造。創造的歷程也是我們及地球生命治療的工具。我相信這零點是原祖違背天命之前的狀態，是一體，沒有分隔，分別心之前的樂園。

艾克哈說：「如果你的心仍受煩擾，你就還不是一個母親，因為你仍在生產的歷程中。」創造其實就是一個生產的過程。那些最有創造行為的人，常被視為瘋子或「不正常」的人。在古代歷史的神話裡，混沌是宇宙創造的核心。我們老早就知道許多藝術家、畫家、音樂家等，都是參與混沌的歷程，而使得他們的創造力盛放。

事實上，天主是第一個創造者，身為天主肖像的我們——是共同創造者，因此我們肯定每一個人都有創造力，而當我們從事創造的行動時，我們就靠近神（天主）。創造力是在我們的想像力中，而不是在理智裡。換句話說，我們所創造的，就是我們所相信會如此的。透過創造的行動，釋放我們的想像力，在參與整體的經驗中，了悟什麼是靈魂的復活，並從分裂的夢魘中甦醒，使一切歸回一體。

創造藝術是進入「零點」，或稱為歸零。也就是說，放下一切物質領域的東西和量子領域裡所謂的負面能量，這樣才能回到生命的原點並創造生命的藝術。我們大部分的人，因為受到習性慣性的阻擋，而失去創造力；生活充滿觀念、知識、技巧、焦慮、恐懼、計畫和許多資訊，而變得不統整、不一致和莫須有的複雜。事實上，創造力不是來自我們，而是經由我們而自然溢流的生命力。我在靈修生活中，就好幾次經驗那非出自我的理性反省所產生靈感，這種領悟或靈感常是在沒預料，不經意中發生的而我無法用言語和別人分享的驚奇體會。有時我這靈感可用藝術圖像表達，但我總覺得有更深的意義在這圖像的裡面，不是任何言語或圖可全然表達的。所以，我深覺藝術的創作是來自直覺的感受，那一個顏色召喚你，就是那個能量在你內流露。這是一體經驗的開始。實際上，我們的感受是天主的言語，我們必須先學習傾聽它，才能聽到更深的天主／神的話。

生命的成長歷程其實是一種信仰，沒有信仰，所有的知識都會變成負擔。換句話說，人的生命是無目的的喜悅，沒有任何現實的功利，只是單純生命開啟的過程，也是真實情感的流露。其實在安全感的頂端，是沒有生命的，但是許多人一輩子都在追求安全感，因而活在恐懼之中。實際上，「害怕比起傷害本身更糟。沒有一顆心會因為追求夢想而受傷，因為追尋過程中的每一片刻，都是和神永恆的邂逅」；「不要輸給你的恐懼，因為如果你輸了，你就無法跟你的心說話。」藝術的創作是來自直覺的感受，所以當你壓抑感受時，就阻礙了你的創造力。

卡蘇說：「我們的生命是由創造的子宮所生的。」這與老子所說「無中生有，謂之創造」是雷同的。這「無」或「零點」，不就是基督宗教的天父，祂是無形無像，我們生命能量的泉源嗎？據說宇宙有九九％是空的空間（empty space），而宇宙物理學家說，這空的空間是活的。由此看來，這佔有絕大部分空的宇宙，是有生命的，以奧祕的能量和物質存活著。這生命是終極的奧祕，並充滿神。

這是一個奧祕的弔詭，因為看來「甚麼都沒有，卻甚麼都有」④真空妙有！整個地球和宇宙生命息息相關的本質，是這大自然空間的本性。根據格林斯坦（Greenstein, 1988），這空和廣大的空間是行星主要的存有，推測上也是其他星球的互動關係。這廣泛的空間不僅僅供應生命的舞動，事實上就是舞動本身，是一個關鍵的幅度，是一個豐富能量的貯藏處，戴維森（Davidson, 1989）稱之為「創造的真空」（creative vacuum）。偉大的科學家普朗克（Max Planck）描述說：「根本沒有物質存在。所有的物質是由一種能量產生的，是原子的顆粒在太陽系的波動造成的，在這一切的背後有一個意識和智力的心靈，而這心靈就是萬物之母（This Mind is the matrix of all matter）。⑤」

所謂的創造就是穿透，甦醒前世／先前的存在（pre-existence）經驗。如果不是出自「無」的東西，就根本不是創造。老子《道德經．四十章》：「天下萬物生於有，有生於無。」而耶穌說：「當你失掉你的生命，你就會得到生命。」這都表達了真正的生命是出自無的創造。

其實，藝術的真與美，從來不是那麼的絕對。畢加索說：「我們都知道藝術不是真理；藝術是謊言，然而這謊言使我們實現了真理。」日本小說家遠藤周作在第

4. Dr. Michael Greenwood & Dr. Peter Nuun, *Paradox &Healing* (Canada:Paradox Publishing,1992), p.41.
5. O'Murchu, pp102-103, ‘quoted in Davidson, 1989,128.’

一屆國際文學與宗教會議中所提到的一部小說（林水福譯）為例：〈盤根在內心深層——談文學與宗教中的潛意識〉⑥說到一個小說故事：

一個爛醉如泥、好撒謊男子的告白。一開始他說，他戰前半輩子，由於出身農家子弟，沒有人喜歡他，於是離家出走，做起黑市生意，賺了大錢，也很得女人歡心，並時時周旋於紳士名流中間，他很得意地述說自己如何發跡賺錢的事等等，但讀者卻發現他的小說前後不符與矛盾的地方，發現這個男子是在撒謊。

不過讀者也同時了解到他為什麼會說出這麼荒唐的故事。這是因為他一輩子沒有人愛過他，潛意識促使他說出這美妙幸福的謊言。讀到了末尾，便感到在這故事背後還有一個人靜靜地聽著這男子的謊話，而這另一個人對作者而言就是基督；而這謊話就是這可憐男子的祈禱了。

又如我所喜歡讀村上春樹的寫作，在高大堅硬的牆和雞蛋之間，他永遠站在雞蛋那方。因為無論高牆是多麼正確，雞蛋是多麼地錯誤，但他卻選擇永遠站在雞蛋這邊。轟炸機、戰車、火箭和白磷彈就是那堵高牆；而被它們壓碎、燒焦和射殺的平民則是雞蛋。我們每個人，其實是一個雞蛋，裝在脆弱外殼中的靈魂。必須面對「體制」的高牆。照理我們所創造的體制應該保護我們，但有時卻殘殺我們，或迫使我們冷酷、系統化地殘殺別人。我寫小說的目的就是給予每個靈魂尊嚴，讓它們

6. 遠藤周作，〈盤根在內心深層——談文學與宗教中的潛意識〉在第一屆國際文學與宗教會議故事，林水福譯。

得以沐浴在陽光之下。避免讓體制馴化我們的靈魂、剝奪靈魂的意義。

實際上，我們都是人類，無論是哪個國籍、種族和宗教，我們都只是一個面對體制高牆的脆弱雞蛋。牆實在是太高、太堅硬，也太過冷酷了。要戰勝它的唯一可能，是全心相信每個靈魂都是獨一無二的，我們每個人都擁有獨特而活生生的靈魂，我們不能讓我們所製造的體制剝削我們。

這些小說的高妙處，就是「謊話」變成祈禱了。因為這小說情節是他的夢，他心底的願望，只有上天了解和聽到了。雖是不真實，卻是他的夢想和願望，而祈禱的救贖已暗暗發生了。我們人類的生命就是在這樣種種的夢想，經歷和時間和空間中編織形成。生命中的一切是真是假，其實是相對的，往往要看在哪種情境來說的。我們常用天時、地利、人和三個幅度的關係，其中有任何一幅度不和，生命的情境就不同了。所以所謂的『真理不能只以理來論斷』所謂的理，往往是在左腦的推理而不是全面的真理。

整個宇宙萬物的生命，畢竟是由一連串的生命故事構成，誕生出來的，不是製造出來的。生命的藝術就是在人與人，與神與萬物的互動交流對話中產生的，但背後有雙無限慈悲的大手支撐著。除非我們能再度變成小孩，有一顆單純的心，開放並聆聽，我們不能從這些生命故事中發現新的願景，並讓已破裂冰冷的人際關係再度溫暖起來。每個人的故事都是神聖的。始終對你的心說故事的人只有一位，真正全心聽你說生命故事的人也只有一位。在你我相聚在可說自己故事之處，讓最溫和的人可以口出不遜，在那友誼的園地，你我聲音可以彼此融會，即使最破碎的心靈也可補綴。

觀念常常衹是表皮，衹有不可預期的才是真實的，直覺的創作是不可預期的。所以去探討你內心的真正悸動，然後表達出來就是藝術。其實創造力是聖神／靈的使者，它的信息以獨特的方式，甦醒每一個「靈魂」。

「靈魂」是甚麼？靈魂是生命能（energy）的原則（有如火一樣），和整合（integration）的原則（有如黏膠一樣），這兩個原則結合在一起就是靈魂。當我們死亡時，剩下甚麼呢？健康的靈魂是保存熱火和黏著性；但當我們失去靈魂時，我們就不再有熱火了。聖文德（St. Bonaventura）⑦也說，我們的救恩是來自那把火，一切的關鍵不在於光，而是火；將全人燃燒起來的火，並以恩典和炙熱的情感，將整個的人帶到上主面前的火。譬如：我沒任何動機使我起床或做事，這是沒有火力；而我再也不知道我是誰，這是缺少黏膠，無法將各個不同層面的我統整起來。我們通常強調黏著劑（思考性），而害怕火力（情感性）。大多人較重思考的能量，這些人的人際間多半是友善的，但不是親切的，因此彼此間會覺得冷漠或疏離。

7. 1221～1274。方濟會第七任總會長。參與里昂大公會議， 並有卓越貢獻，在會期間病逝。1482年被尊為聖人，1588年列為教會聖師。

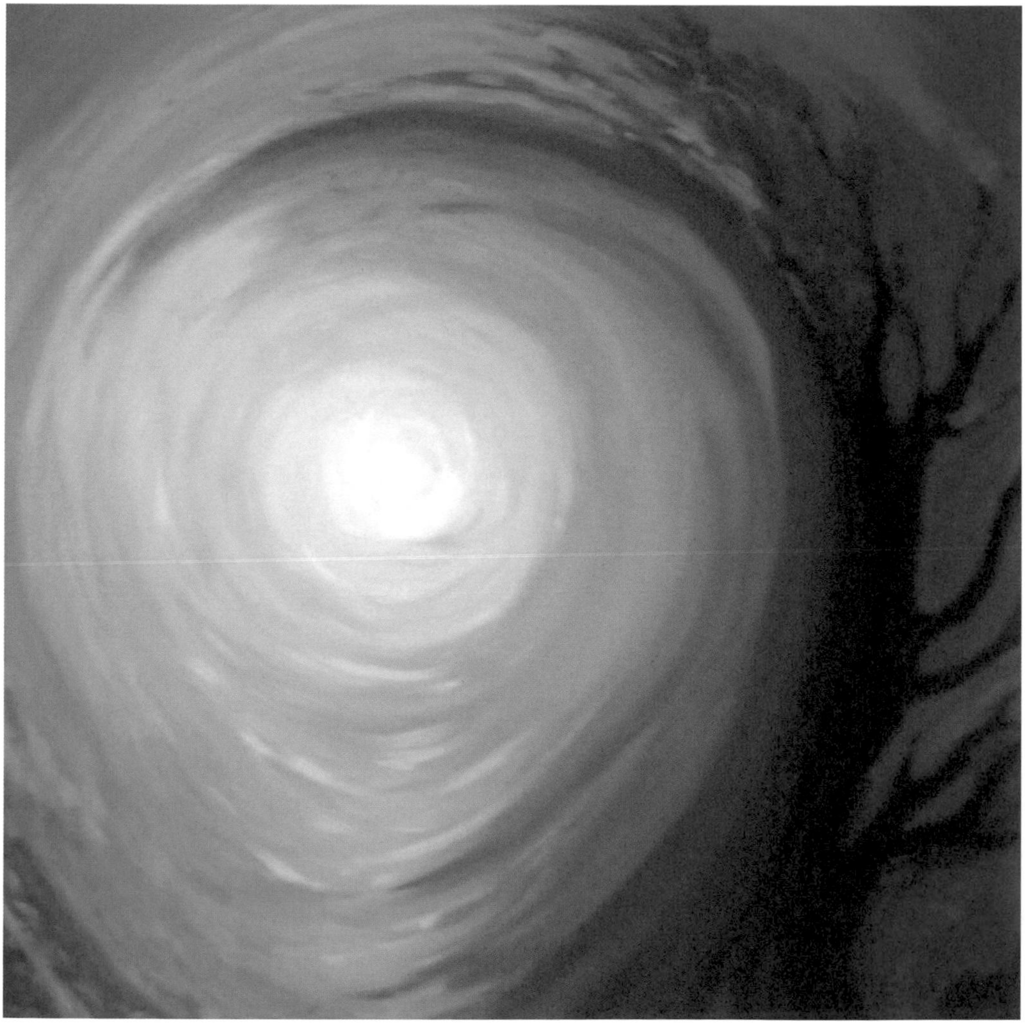

圖四十四　（Sr. Maria Van Galen, fmm作品）

我們內心世界實在有多少不可知、無法觸摸的地方，現代人的現狀常是失焦的，我們幾乎仰賴外在與偶然的事物生存；人在世間中是繁雜、瑣碎和流浪的，每件事物都可以哄騙、奴役人，而且把自己當作天主。

《小王子》的作者聖修伯里說：「這是我的祕密，一個很簡單的祕密：一個人祇有用心靈才能看得真切，重要的東西用眼睛是看不到的。」其實，畫家所畫的是他們的「心靈所看到的東西」，而非「眼睛所看到的東西」。許多偉大的藝術家是提醒我們進入「不同的眼界」，並讓自己的「生命主題強烈」起來。要讓自己的生命主題強烈起來，單純是他的唯一方式。

聖方濟在《諸德讚》中說：「智慧皇后，我問候妳，希望天主保存妳和妳的妹妹單純。」所以，如果我們只有知識而不是單純的人，我們不可能有智慧。真正的藝術會叫人的靈魂休息。生命之藝術在於做真正的自己，並在剔除一切累贅之物時進入單純，如此你才能愛人如己，與神相遇，這是真智慧。生命的藝術其實就是靈修之路，是天人交會的場域。

大地母親（呂雯嵐作品Wenlan Lu）

第三部分
地：生態靈修
Ecological Spirituality

第八章

大自然生態復原力和教會

Ecological Resilience and the Church

海洋、天空、大地、河流等大自然的一切原本都無界限的，人本來也沒有任何界線的，很多的界線是人為的，因為原本整個宇宙是一個大團體。耶穌說：「真理使人自由」，問題是「誰是真理，或誰有真理呢？你是從哪一個範疇來看的真理呢？」甚麼是全世界的真理呢？豈不是全人類都有權生活在一個地球（土地）上，享受同一天空、大氣、水源、森林嗎？

美國當代詩人露西里・克列夫頓（Lucille Clifton）說：「我不斷聽到樹木說話，水言語，風的撫慰，火的溫暖熱情。而我一直懂得它們的意思。」宇宙是一個統合的實體，一切的受造物都交織在一個整體內，沒有一樣東西是可以單獨存在的；但我們的思想常分裂這個統一的實體，使之成為片段的觀念，而觀念事實上常常只是表皮的認知，而文字只會將我們帶離自己，我覺得最重要的是：**個人必須和宇宙結合，才能進入神的領域，因為**在大自然堅強的背後，隱藏著生命的脆弱，但正是那脆弱吸引著我們吧！

自然生態復原力有如春之蒞臨，讓人充滿生命的希望與活力

如今我明白宇宙本身是諸多能量的非線型、渾沌平衡，是一個息息相關、環環相扣的、充滿生命活力的關係網絡。而宇宙的至真，反映在個人無窮深邃的胸臆中，因為「人人心中都有力量與智慧的源頭」（羅陀奎師那〔Sarvepalli Radhakrisknan〕）。基本上，天主的習性和力量是在大自然中，天地人相互的和諧關係中共存。尤其在量子神學中，天主聖三顯得更有充沛的關係性，強調整個地球在愛與正義的關係中，我們生命的品質在於親密和愛的關係。宇宙萬物是一個生命共同的有機體[1]。二〇〇四年的諾貝爾和平獎得主旺加里・馬塔伊（Wangari Maathai）領導的「綠帶運動」（Green Belt Movement），在過去三十多年間，領導非洲十五個國家，種植了超過三千萬棵樹，她奉獻生命致力於看顧大地之母。

1. O'Murchu, pp. 82~84.

圖四十五　〈早春〉（*Early Spring*）（呂雯嵐作品Wenlan Lu）

我們必須擴大憐憫的範圍，
我們必須擁抱所有受造的生命，
我們必須堅持保持自然的完整及它的美貌。
（麥格雷理・史密斯〔Kilby Smith-McGregor〕）

神的氣息透過自然與我們交流相通。艾克哈曾說：「每個受造物都是關於神／天主的一本書。」我們人類必須開始一個療癒過程，治療我們和自然世界的疏離。每個人都是在地球共同體中獨特的『自然存有』②，我們必須覺醒，這是行動的時刻，要做天主創造我們時要我們做的事；因此而發現我們的定位、實現我們的角色、完成我們的天命，當我們創造一個增進人類及所有物種彼此關係的文化時，我們就對世界的轉化有所貢獻。不要盲目地相信自己的每一個念頭，如果我的心專注在當下，就會發現整個宇宙是根據一個基本原則，就是在你需要知道的時候，就會知道你需要知道的事。

「地球的生命不只是來自一個繼承的創造，更是一個在自我互動中，結合及再結合所浮現之全方位的管理（holarchy）。」——琳・馬古利斯（Lynn Margulis）我們的地球，應該就像一個大森林。不同的宗教好比是森林中各種不同的樹，每棵

2.　natural being

圖四十六　本是同根生

樹的樹幹就像它們的個別歷史、傳統，滋養他們成長，但他們的樹根來自同一塊土地，使用相同的資源，汲取相同的水，也呼吸著相同的空氣，只是出現不同樣式的樹幹及樹葉（參見圖四十六）。

我們只有一個地球，她是屬於一切物種的，我們必須與一切物種分享地球上的一切資源，即便我們是不同的物種，有不同的外貌及文化傳統。從亞洲的生態婦女學，為永續的將來，學到十個生命的原則[3]：

- 森林：女性的多樣性原則，即「愈多元愈健康」，在不同中彼此包含，平等地分享資源。是一個與整體宇宙合而為一的開放與歡迎的空間。

3. 南韓神學家鄭玄鏡（Chung Hyun Kyung）教授在二〇〇〇年八月於日本廣島舉行的AMOR第十二屆研討會提出此一論點。AMOR是指亞洲大洋洲宗教高層會議（Asian/ Oceanian Meeting of Major Superiors of Religious）。

- 水：一切的生命來自於水，滴水能穿石。多數的亞洲宗教都看重這個原則，它是一個柔性的變化，以及從不枯竭的生命原則。猶如婦女的子宮及我們的身體，主要是由水造成；透過水，我們與人及萬物成為手足。在宇宙中，我們是一個水的家庭。
- 天空：天空為何如此重要呢？因為只有當我們虛空的時候，才能接受；有活力的空，就像安靜的湖或夏天的夜晚，她的表面是溫柔波動的漣漪，也有如電子與質子的閃爍，以及螢火蟲的舞動。
- 喜樂：多數原住民在慶典中、在聞樂起舞的歡欣喜樂中尋找天主。天主願意我們享受生命，生命如同盛筵，但許多時候我們活得貧乏、飢餓。出神入迷的忘我帶給我們喜樂，喜樂是為愛所著迷的心的祝福。
- 美：《寂靜的春天》作者瑞秋．卡森（Rachel Carson）說：「我相信自然的美，是任何個人或社會靈性發展的必要場所，當我們破壞自然界之美，或以人造之物取代大自然的特質，我們便阻礙了人類靈性的成長。」美國的原住民教導我們，當任何恐怖的事件發生時，反而能創造出美麗的東西。我們可以在一切的惡及受苦中，仍能發現美善。在日常生活中，我們隨處可做一些美麗的事，如種花蒔草、吟詩賦詞等，都是屬於美的創作。

- 情感的力量：黑人團體教導我們，和我們最深的自我連繫的力量，它遠超過性的關係。那些有內在能力的婦女，能夠做出令人驚訝的事。這種力量是建基於相互性、責任性，和對未來的愛的力量所形成的，是一種愛的熱情。
- 螞蟻和蜘蛛：強權政治已經過時，現在我們應像螞蟻一樣，不斷地鑽鑿小洞，最後終能瓦解整個結構的力量。我們要像蜘蛛一樣，編織網絡和分享資訊，並在我們的生命網中發展關係、合作和協商。
- 憐憫的正義：什麼是誘惑的力量？資本主義與父權統治有如新的宗教。但真正的力量是在賦予別人力量。耶穌顯示憐憫與關懷的正義，而憐憫心驅散彼此的界限。
- 第七世代：無論我做什麼，都要考慮到對第七代的影響。這是美國原住民在他們的部落會議中，所要問的問題。合法性的平等，不代表社會的真正平等，我們需要記得，我們現在所做的一切，將會影響到第七代的人。

• 生命的循環：「記得，你是來自於土，也要歸回土。」我們的生命是來自於大地，所有的經驗都可以再循環，如果你不失落可循環的經驗，就能做得更好，走得更遠。地球的資源是有限的，物種一旦絕跡就不能回復。過去幾十年來，人類干預了原本生生不息的大地資源，藉由改變昆蟲及病毒的控制、改變自然的肥料等，荼毒了地球及所有的生命。進入地球之整體延續展現的密碼，是內在生命和靈修反省的力量。

早期，原住民的文化，本是沒有私有土地的概念；他們不占有，不貪。本來天主創造的田地一切是足夠養活萬物的，但卻不夠養活一個「貪心」的人。原住民早期的觀念是與山與旱地一體的，所以當山崩時，會以身來擋山。為他們，每一次機會都是一次經驗，也是唯一的經驗。他們經驗到天是藍的，風是輕的，花是香的，草是綠的，然而這一切都是「我們」的，是天地人一體的。耶穌說：「在路上不要攜帶任何東西……，天主自會照顧……」，有誰會比天主所造的大自然更美的藝術呢？

《你的心，就讓植物來療癒》④，光是看到這書名就覺得寬心喜悅，的確越來越多人在擁抱大自然中得到療癒，也有很多人開始以雙手種植，和土壤和各種植物

4. 蘇・史都華–史密斯（Sue Stuart-Smith）著，朱崇旻譯。英文書名為The well guarded mind:the restorative power of nature.

圖四十七　父親晚年和盆栽之照片

真誠對話而得到心靈的釋放，撫平生命中的某些傷痛。想起我的父親，在尚未到達退休時刻，就急著投身在園藝的世界裡，在那裡他覺得自在和喜悅，母親和我們姊妹們當時還有點怪他不顧家裡生活得清苦。高中時，看到父親可以靜坐在一盆栽前數個鐘頭也不厭倦，好似進入一個很神祕的經驗裡，還記得他常常一個人去河邊撿石頭，去深山上找植物和培養水仙花的夢想等等。我當時真不瞭解父親，覺得他不實際，常常一個人去山上過著幾乎是獨居的生活，有時我會想，如果父親今天還在，他會多麼高興我們今天對大自然宇宙的發現和了解。如今我開始發現，父親其實是不斷聽到樹木在說話，石頭的美妙奧祕故事和水的清澈言語，風的撫慰和火的溫暖等等的人。我如今才恍悟父親早就浸潤在大自然的生命中了。他雖然已離開人間，但他所栽植的綠樹仍在我們中間。

當我們能編織一個美麗的生命網絡，或者在世界中滋養一個森林，我們就會跨入一個永續的將來。狄歐德．歐默庫（Diarmuid O'Murchu）⑤神父說：「我們務必越過種族、信念與文化的歧見，共同攜手邁向未來，否則我們就沒有未來。」⑥自然生態本來自有它的復原力的，但人為私心的破壞已造成難以收拾的地步。

圖四十八
父親晚年和盆栽之照片

5. 量子神學家。他為倫敦地區的失親者、愛滋帶原者、街友及難民提供心理諮商，也為世界各地包括澳洲、歐洲、美國、加拿大、菲律賓、泰國、印度及數個非洲國家舉辦成人信仰發展講習。
6. O'Murchu, p. 90.

圖四十九　森林

教堂像森林

森林是「根本」的所在地，
在森林裡的生命
是由土地向上生長蔓延。
森林就像一座教堂，
樹木的枝枒鑲嵌於碧空，
就像大教堂的尖頂劃過藍天一般。
陽光穿過樹葉間隙灑向地面，
正如彩繪玻璃輝映著日照的光芒。
森林的頂冠挺拔豎立，
俯視在其下的芸芸眾生，
因此，森林和教堂一樣，
邀請我們超越人間的處境，
深刻地去經驗寬闊、包容的境界。

羅斯頓（Holmes Rolston.III）原作
陳慈美譯

真正的教會應有如一座森林（參見圖四十九），領受一個全球性的聖神降臨，整合新的宇宙故事和整體科學的信德的教會；在那裡沒有分別心、沒有歧視、沒有判斷。我們的原罪是從能區別「知識之樹」開始，出生與死亡是生命必經的歷程，終極來說，我們是為死而生，當我們能平等看待生與死的必然時，我們就能回歸完整。為了圓滿地活，我們必須在每一個時刻中，圓滿地意識到死亡；為了達到完整，我們必須超越矛盾的生死兩極，並在其中找出一個中心。就像陰、陽的律動，整體既是相對的，也是絕對的。教會也是動態、相互作用以及關係性的。透過創造一個和諧、平衡及和平的完整網絡（holo-web），破碎的將被治癒，地球也將恢復原來的面貌。

在基督宗教的傳統，教會是在聖神降臨時誕生，也就是一個關係性生命的新團體誕生。在新的宇宙學中，我們靈修旅程的圖像，有如羅盤而不僅是一個地圖；因為羅盤能幫助我們走出一條道路⑦。奧托・蘭克（Otto Rank）說：當宗教失去宇宙觀時，它會變成神經質及虛構的心理學。這個新的脈絡就是要尋找親密與默觀之間的關係性。在我們的個人生活和公開文化中，我們同時需要親密和默觀，這樣我們的靈魂才不會枯竭。施雷貝克（E. Schillebeeckx）⑧描述：「沒有神祕主義，政治很快會變成殘酷及野蠻；沒有健康的愛，神祕主義會變成多愁善感的。」所以我

7. Myles Horton & Paulo Freire, We Make the Road by Walking (Philadelaphia: Temple University Press, 1990), p.3.
8. 1914～2009。比利時人。天主教道明會神父、神學家。

們需要平衡二者。我們對奧祕和宇宙學的新理解，將會再次對我們的傳統注入能量，並賦予意義。甚至在教會中的特殊面向，如對聖事的理念、逾越奧蹟的覺察等，都可從「教會有如森林」的象徵重新表達。

聖事是慶祝，也是我們生活中獲取力量的高峰時刻。事實上，每一件事都是聖的，「整個宇宙是一個聖事，恩寵在我們的生活中川流不息，我們沐浴在天主的愛中。」（瑪格德堡的梅希特希爾德〔Mechtild of Magdeburg〕）關於逾越奧蹟，我們可以重新表達為：我們與大地一起慶祝復活的經驗，因為大地是天主的身體，是宇宙基督的降生，我們每一個人的逾越奧蹟，就是慶祝大地母親的生命、死亡與復活。人類的失敗，在耶穌身上所造成的受傷、破碎，但在祂的復活裡，使大地復甦。

降生就是一切生命的創世紀，例如：黎明、花蕾、生命的誕生、花朵及小孩子……，這些都是降生的時刻；整體的宇宙首要的目的就是降生，也由於降生，人類與萬物滲入神聖的領域，在降生中，萬物都成為透明而具有聖事性的。降生意味著人性和神性的融合，我們在不斷地神化中，但不是天主；十字架意指宇宙的被釘，也就是一切生命的滅絕，如雨林的破壞、冰河的融化、愛滋病的蔓延等，這是一個從內在的壓迫、系統的壓迫，以及與神疏離狀態中釋放的時刻，是一個全球性的「出谷」[9]。

伊麗莎白・詹斯頓（Elizabeth Johnston）[10]說過：「我們要再次地欣賞整個宇宙是一個聖事，早期時我們和萬物的相遇，如同和神的相遇，是神聖的，是一種初領聖體。」貝里神父也說過，地球是聖體聖事，每件事都是在共融中有關聯的。沒有一件事在關係中之外的。包括窮人的哭泣，地球的哀號等。每件事都和聖體息息相關，有如聖體人，心靈是自由的。天和地是一個創造愛的兩面。

誰是耶穌？伊麗莎白・詹斯頓提醒我們，「你對天主的象徵產生祂對你的作用」[11]，因為我們的基督徒生活與靈修，非常依賴我們用什麼象徵來表達天主。葛素玲修女（Nonie Gutzler）[12]說，耶穌是基督，但基督不只是耶穌；什麼意思呢？耶穌在哪呢？「耶穌是聖言，祂向我們說了些話，但又未完全說盡，因為我並未完全了解基督。」[13]基督（Christ）的意義是什麼？根據《聖經》，基督是「受傅者」；作為一個台灣人，我並不十分了解所謂「受傅者」的意義，但我相信它的意思是指「被愛者」。其實，耶穌是人類的原型，我一直在祂身上學習成為更真實的人，當我愈經驗到我的人性本質時，愈感到和祂同在。因為我們認識了歷史中的耶穌，成了我們信仰中的基督。這兩者是有關連但不盡相同的。在參與宇宙生態的大氣息中，我愈感到與祂相通。我相信耶穌在降生中體現祂的愛，

9. 或譯出埃及。
10. 現任教於美國紐約州莎拉・羅倫斯文理學院（Sarah Laurence College）。
11. The symbol of God functions.
12. 瑪利諾會修女，美國人，神學博士。
13. 葛素玲修女（Nonie Gutzler, MM, Ph.D.）, 談基督論（Talks on Christology in Taiwan, 2002.）

祂是一切受造物的圓滿，祂是創造者完美的答覆與肖像。事實上，耶穌是天主無能的表達，使得人類的軟弱成為進入愛的家庭的門檻。而耶穌當時並沒有成立我們所謂的教會。是耶穌的初期門徒慢慢在宣講福音過程時形成的基督徒團體，而制度性的教會是後來形成的。

在台灣社會的一般人對神父修女有種尊敬和好感，因為他們看見早期外籍神父修女傳教士等真正無私的奉獻自己，為二戰後較窮的台灣做很多慈善事業，和教育、醫療等。但天主教會在台灣給人的感覺仍是外來的，一般的台灣人去拜拜或去佛教，民間宗教似乎較本地化，容易接受。聽到羅際元神父⑭最近在台灣對世界主教會議的報告中，提到「台灣教會與世界的連結太不足，甚至是教友對社會的影響力越來越沒有，教會在社會中沒有聲音，沒法對社會問題有所回應……信友的信仰經驗不足，對教會或教區沒什歸屬感或向心力，大多數教友只是忠實地做事但對教會信仰或教義沒受到系統性培育，教會缺乏活力，沒有向前的動力或創新思維，因此也沒年輕的朝氣等等。」我對羅神父的這些對台灣教會的反思有同感，看到不少教友領過洗，但想深入靈修時便去找佛教和其他靈修路徑等。好像對所謂「經典」，教會也失去興趣了，反而對其他宗教的優點也越來越覺有興趣。為何會如此呢?當今台灣有很多人，越來越多人會願意是個屬神的人（Godly person），但不

14. 羅際元神父時任台北教區祕書長。

太願意是屬於哪個教會的人（Churchy person）。尤其是一些知識份子。

有時，我像是開在眾多玫瑰或蘭花中的一朵野花，我永遠不會也不能轉變成一朵玫瑰或蘭花。無論如何，我們都生活在一個地球上，在一個太陽下……，同一個天空之下，但有時覺得我們的教會，修會和教友們似乎有一道牆阻隔了別人的接近，不能包容一些人或族群，在修會生活越久，越老，有時會懷疑自己是否是別人所認為的「基督徒」？我們的教會或修會生活似乎多多少少也脫離了社會，我也看到不少所謂極熱心的信徒，忠實地遵守教會的規矩或信仰的模式生活，但他們的信仰和實際的生活似乎是分離的，或活在孤島中。只有平常較守規矩的人會上教堂，有很多教友已成有名無實……在台灣教會的面貌是外國人越來越多（e.g.來自越南、非洲及其他地區的神職，菲律賓教友移工等等……），信仰似乎仍沒有根，很多父母領過洗，但孩子是完全不接受信仰的。有不少人雖是基督徒，但仍有種格格不入社會文化的感受。

記得二〇〇六年在馬尼拉東亞神學院（EAPI）聽耶穌會前總會長倪勝民（Nicola Adolf）[15]神父說過：「我們必須赤裸裸地接受『現實』的重要性，因為現實是：世界似乎不會更基督化了，各時代的人應該在自己的生活中『悔改』，並發現生活中的天主；這裡的『悔改』並不是針對其他宗教的悔改，而是我們在一切

15. 1936～2020，2008～2016擔任耶穌會第三十位總會長。1953年於西班牙入會，1960年派駐日本在上智大學念神學課程，1967年晉鐸。

之上，要活出天主的慈悲的愛和寬容。『基督宗教世界』的時代已經過去，尤其是歐洲和一些以基督信仰建國的地方；基督信徒團體發展已到極點。我們現在應該嚴肅的意識到生活的真實面，事實上，我們所謂的天國子民的數目是不會再增加多少了。實際上，大多數人已經以尊重、感激及喜樂的心接受了其他宗教的意義、對人的影響、文化和救恩的效果⑯。」

多年來，甚至從我領洗，我就常想如何把我所認識基督，受洗成天主教友的熱誠，用其他人能懂、能接受的方式或語言傳給我周圍的人，因為我的家人朋友幾乎都不是基督徒。我很願意他們認識我覺得很好的基督信仰，想法子和他／她們有聯結的關係，尤其是在年輕人中間，或和不同的宗教間有關係，好使我所熱愛的信仰言語，為其他圈外的人能聽得懂些；我總覺得我們的信仰表達是中文的外國語，因為我周遭的人只覺得我的信仰是外國（西方）宗教，他們不懂我們的彌撒禮儀等等。我覺得語言的內在意義其實是一樣的或相通的，然而表達的方式卻不一樣的。我常喜愛用唐君毅的這句話：「在那遙遠的地方，一切虔誠者終當相遇。」我心底相信所有人類，他們在宇宙基督的奧體內是息息相關，環環相扣的。我們只有一個天父，都是天主的子民，是一個所謂大公的教會，不管是教友與否，我們人類是不斷的，在進化中成為一體的，是一家人。所有人最基本的需要是一樣的，愛，被

16. 倪勝民神父2006年在馬尼拉為司鐸研習會演講之片段摘譯。

愛，被接受，被了解，要有尊嚴……等等；所謂的「外教人」和我們的共通點就是：我們都有共同基本「人性」。所謂的人，就不是機器，是一個與人、與神、與外在生態互動，在成長歷程中，漸漸構成生命故事的人。

「如今傳統修道者，看來已減少：其他生活的聖召可能會持續興旺。假使我們沒有能力從別人身上學習、接受他們所擁有的，我們也無法把我們的信息通傳給他們。因為如果我們繼續與生活、與老百姓的問題脫節，與他們的困難過於分離，我們很難使人信服的。所以我不禁要問：我們生活所帶來的訊息是什麼呢？修道院的圍牆是否成為助長理想化的修道生活或是距離美化我們？我們修道人的記號和先知性在哪？我們的價值、與人的關係、面對正義、和藹、接納、熱情好客等等的態度是可見的嗎？還有我們的用詞，語言的表達，別人能懂嗎？我們的生活受到別人的挑戰：什麼是真正的救恩？基督如何拯救了我？我從那裡、如何可以得到救恩呢？如何讓你也可以得到呢？」[17]天主如何從我們的人性經驗裡拯救我們呢？

現在很多修會教會團體都是十九世紀時創立的，當時是比較極端的二元世界觀，是非對錯分明的時代演變到今天二十一世紀，已成了變動不拘的時代了，什麼是對的，什麼是不對的，真真假假也不易清楚或明白了。教會或修會已從一律化（uniformity）到今天的多元化（diversity or plurality）了。那麼，今天我們的修

17. ibid.

道團體是如何的團體？我們有什麼樣的良心、意識、觀點？和誰分享？是和窮人在一起嗎？或中上或特權階級的人呢？是誰有全部的真理或懂得全部的真理？什麼是天主的奧祕？我的靜默在那裡？我對奧祕的感覺和驚嘆在那裡？我的神學是開放的、謙遜的、深入的……？或是意識形態？是協助或是武器？只是嘗試性的或者永遠是最後一句話？

我們的聖體靈修就是不斷被擘的餅，為了能在人和團體、國家、民族中分享。當我們愈能將自己擘成碎片與人分享時，就愈豐富，因為在「被」擘餅時，所激發的聖神，幫助我們的心成為「更大的我們」。我們來到這個世界的角色，是為了促進擘餅的過程，但最後常以制度化、教條化及枯乾的儀式作結。聖體本來是為了慶祝、感恩我們整體共融、和諧的關係，因為我們破碎的世界常渴望再度回到整體，這個整體就是我們最終的家，帶給我們寧靜，真誠的愛非常仰賴我們相互連繫和建立關係的能力，因此，為了要更整體，也為了要和整體共融，我們就必須擘我們的餅，去分享我們的生命。透過滋潤靈魂、杜絕壓迫、滋養合作關係，我們的生活就能與宇宙接軌。

一九二六年十二月三十一日，德日進神父寫了一封信給他的朋友瓦倫森（Auguste Vale）說：「我多麼希望能遇到聖依納爵與聖方濟，因為我們這個時代實在迫切需要他們；能在一個自由、新鮮及全心的宗教熱忱下跟隨天主的人，是多麼美妙的夢！我常懇求天主，使我們這個時代的火焰耗盡時，我能成為未來時代的灰燼[18]。」

方濟會神父欽尼奇（Joseph Cinnici, OFM）發表在《繩索》（*The Cord*）期刊的一篇文章寫道：我們活在一個死亡陰影的時代中，尚未從復活的耶穌基督的生命中解放，簡單來說，我們否認方濟的人性，因為我們沒有讓他死亡，我們還沒有真正的放下方濟，因為只有完全真正地讓他死亡、讓他離開，聖神的火焰才能再度燃燒起來。同樣的，我們也應該這樣對待天主子，祂已經死了、也被埋葬了，其實當祂的門徒對耶穌失望、夢想破滅後，他們才能真正地成為人，真正地意識到釋放；如此，聖神的餘燼將再度點燃[19]。有時，我們似乎只重外在的尊愛或朝拜我們的會祖或偉大的聖人，而沒有從他們的餘燼中燃燒心／新的火焰出來。

所以，接受方濟死亡的關鍵就是還給他，他的人性、他的不完美、他的限度、他的惡習，在他死後還給他原貌。有一個關於亞西西的紀律（Giles）弟兄[20]和方濟的故事：方濟臨終時，紀律非常難過方濟即將死亡，表示很願意有機會和方濟談話，而方濟回答說：「如果你要和我談話，留心看你自己。」根據方濟會神父欽尼奇對這段話的解釋是：不要難過，也不要希望已逝的時光，也不要在死人中尋求勸

18. 引述自法國耶穌會士德・呂貝克樞機（Henri de Lubac, SJ）著，《德日進的宗教觀》（暫譯，The Religion of Teilhard de Chardin, trans. Rene Hague, N. Y.: Desclee Company, 1967), p. 20.
19. Fr. Joseph Chinnici, OFM, The Cord, 47 (1997) 2.
20. 紀律原本是位農夫，後來賣掉了所有財物給窮人，成為方濟的首批追隨者之一。

勉；相反地，但要留心觀察你自己。每一個人有他獨特的方式答覆基督，所以方濟對他的弟兄們說：「我已經做了我該做的，願基督教導你們，你們該做的。」[22]

神學家希姆斯（Michael Himes）神父所作的詩，可以表達出天主對每一個人的愛是獨一無二的：

天主已經給了世界一位亞西西的方濟，
祂不需要第二位，
聖女大德蘭曾成就了輝煌的事業，
這個世界不需要第二位，不合時宜的另一個版本，
可是這個世界不曾有過你，
而這個世界現在就需要你，
否則天主不會造你，
所以，你必須尋找你的獨特方式來服務這個世界。

貝里神父說：在我們眼前的偉大工作，就是要將已被現在工業文明蹂躪、摧殘的地球，回復到原本美好的狀態，這項工作不是我們能推卸的，而是一項責無旁貸

21. The Life of St. Francis, 2 Celano, p. 214.

的任務。當我們出生的時候無法選擇出生的時刻，也無法選擇誰是我們的父母、我們的獨特文化、歷史背景等，我們也無法選擇我們的靈修洞察或政治狀態，就像所有過往的人一樣，就來到了這個世界，而無法做個人的選擇。我們生命的高貴，無論如何是仰賴於我們對我們這個角色的了解與實踐，我們必須相信，我們是被那帶領我們來到這世界上的同一力量所關心和引導的㉒。

今天的世界正經歷一個關鍵的時期，暴力、恐怖主義、壓迫、不正義、剝削仍然不斷地在增加，一些少數跨國公司正控制著整個世界的經濟，他們在推動一種發展模式，就是集中資本、生態破壞、利益導向，操縱生命的創造，計劃人的複製等，似乎是以人類的福利為代價，但結果是相反的。此外，現代科技經常毒害我們的空氣、水及大地，感官的消費主義正迅速地散播到全世界，使世界變為速食、近利、享樂的瘋狂狀況。物化的生活哲學和機械式的世界觀，控制今天人類的生存。事實上，個人或國家民族的暴力是人們內在暴力的外在表達，世界幾乎找不到平安，因為人心內在從未平安；平安是來自於和諧，和諧來自於整合，這是銘刻在受造物中的自然律。最大的戰爭並不是在戰場上，而是在人心及人的思想中。我們常常因宗教或信仰天主之名而彼此戰爭。生態危機大幅成長的事實，衝擊到我們的永續生存。

星象學家若瑟．希恩（Joseph Sheehan）說：今天的人種不僅需要典範的轉

22. Thomas Berry, *The Great Work*, (N. Y., 1999), pp. 7~8.

移，更需要量子的轉換，因為典範的轉換只在思想的改變，而量力的轉換是整體的。瑪莉．施蜜絲（Mary Schmitt）也宣稱：現代人已經進入了「量子躍進」（quantum leap）的時代，物質與精神彼此在宇宙的編織機上交互穿梭，激發出一種需要精神量子而能編織一個共同靈魂的創造力。

我很高興發現：中文的「自然」這個詞的涵義包含「自我組織」（self-organizing）之意。老子說「道法自然」及「生命的運行不息」，也就是說，道遵循不斷自我組織的生命系統，因此，我們的生命是自我組織、自我更新、自我維持以及自我超越，這相當於卡蘇所謂的「零點」以及斯威姆主張之「無縫的整體」。創造力是進化的本質，是不間斷的舞蹈系統。這終極大我是一個奧祕。生命是自我組織，並不只是物質層面的，也是心理及精神能量方面的，我們必須在進化過程中維持自己並不斷地超越自己。

在個人化的過程中，必須打破我們在自己與周圍環境間所豎立的一些藩籬，如此我們才可以在與他人的互動關係中，組成和諧的交響樂團。只有那些在內化中成長的人，才可以接受在共融過程中所帶來的挑戰、矛盾與衝突。共融的經驗使我們一方面渴望與別人個別地、親密地結合，另一方面也渴望全球的人和平、正義與普世性的和諧。尋找一個真正的團體是一輩子的朝聖之途，它的高潮就在永恆生命的宴席中，是真正的感恩禮。

很久以前我就聽過一個故事，它常縈繞在我的腦海中：有一個年老的父親有二個兒子，當老父親過世後，二個兒子繼承了父親的穀倉。未婚的長子想到結了婚的弟弟有家庭、孩子及妻子，可能需要較多的穀物，因此連續好幾個晚上，偷偷地將穀倉的穀物移到弟弟的穀倉裡；而弟弟關心未婚的哥哥缺乏家庭的支持，可能需要更多的穀物，所以他也開始偷偷地將穀物搬到哥哥的穀倉裡。一天晚上，他們在半途中相遇。有人說這個相遇的地方就是需要建立教會的地方。教會不就是個宣講和散發愛的地方嗎？

聖教宗若望保祿二世（**Pope John Paul II**）說：「我們是一個家庭，愛你的鄰人要有四海皆兄弟的全球關懷。」我相信愛能誘發出不像它自己的東西，意思是說，愛能成就意想不到的事。什麼是今天的教會，從很多方面來看，教會好像正逐漸式微，天主教會似乎太法律導向、太教義化和形式化，導致聖神被窒息了，因為我們太強調救贖，而忽略了自然宇宙和創造的故事，我們也太害怕失去自己信仰的界限，因而努力自我防衛我們的宗教、我們的優越感及我們的權利。某些基督徒受限於教派門戶之見，將自己的信仰和奧祕，和不同教派間的教義與信理混合在一起，因此我們的信仰與生活變成沒有關連。我們所期待的教會應像一個生氣勃勃的森林。

我們眼前最深的問題是有關人的整合（男性／女性、身體／靈魂／精神）及世界各國間的和平、平安並在希望中度更人性化生活與人休戚相關。不同宗教間的和諧：共同職責良心、手足般一起尋找、尊敬各傳統的智慧、開放的和諧交談，以達到新的深度。在各種信仰團體、階級、血統、種性、派別間，平和的整合，共同生活在更正義、平和中。真正的和平、正義、人權、生態是我們今天的挑戰：這些挑戰會繼續伴隨我們，向我們發出挑戰，批判我們的自滿，特別是宗教的用語、信條。

今天，國際社會正面臨過去幾個世紀為我們服務的經濟、政治、文化和宗教結構／制度的崩潰，而現在這些結構／制度已成為問題所在。正是這些原是幫助發展市場資本主義的架構，使許多社會擺脫貧困，以及我們許多人對自己的個性和成就感到自豪的價值觀和信念，而這些價值觀和信念被發揮到了極致，使我們走到了這一步。這種思維使我們陷入毀滅物種。如何有新思維，新意識，新架構可來整合全球國際的網絡？全世界只有人類會破壞自然生態環境，造成無法收拾的氣候變遷，一切生態都遭殃，人幾乎認為自己是世界的主宰，想盡各種方式試圖去改變世界，為使人過得更幸福，但人有過得更幸福嗎？我常覺得這一代或下一代人雖然在物資上可能更富裕，但人的生活似乎沒有活得比上一代的我們更快樂。許多跨國公司超越了國家的權限，掌控了世界的經濟、政治、文化；不少跨國組織，甚至取代了傳統國家政府的實質權利[23]。我們的大環境變得更艱難，在一個體制化幾乎失敗的時代，不管是政治、經濟或社會都需要嶄新的意識和集體領導能力。

經濟的發展也幾乎成了我們生活和教育的模範，世界上窮的人仍然越來越窮，甚至餓死的人也越來越多，尤其是小孩。而富有的人，幾乎天天都想如何賺更多錢，投資，股票要上漲等等。但這樣的發展，分裂了人的理性、情感和靈性的統整，也帶來了大自然的汙染、剝削和環境生態的破壞。越來越多的人在戰爭中受苦、受飢餓，以及失業的困境中，也越來越多的人對生命的意義質疑，並感到心靈空虛。商場、媒體的廣告使我們似乎被我們的需要給催眠了，使人覺得需要某些東西才能生活快樂。很多有錢人並不快樂。消費主義其實就像是一個監獄，它的圍牆就是到處可見的廣告，這圍牆使我們疏離了自然宇宙的核心意義，因為一切自然的，也變成了商業利益，造成有錢的越有錢、貧窮者越窮。

我們要如何讓整個自然生態有復原力（Ecological Resilience）呢？我們真正的利他思維也利整體的，不可分割的。所以，如何再連結已造成分裂的二元思維，讓宇宙生命再更生（Regeneration）呢？

見圖五十：今天沒連接／分開的二元思維如何到再連結在一起的更生的年代（Age of regeneration）？

23. Will Hutton and Anthony Giddens (eds), *On the Edge: Living with Global Capitalism* (London: Jonathan Cape, 2000), p. 4.

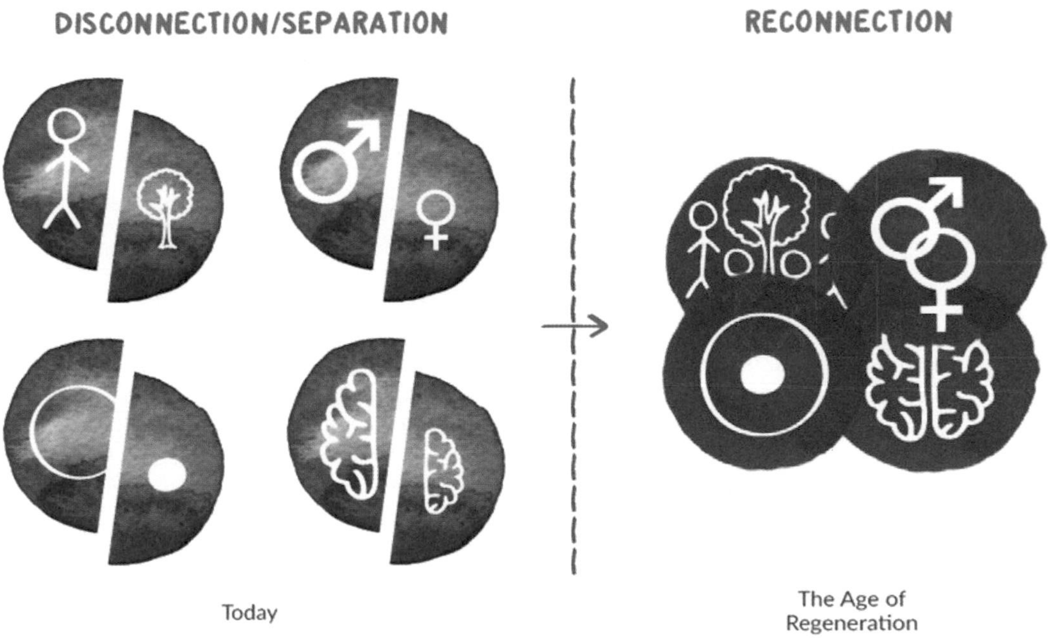
DISCONNECTION/SEPARATION
RECONNECTION
Today
The Age of Regeneration

圖五十

要產生全面的更生年代（Age of regeneration），我們需要徹底的從物質科學、神學、使命等三軸心做轉變。

為讀者的方便將前面所說的作一總結性圖表作參考：

物質科學	神學	使命
由部分到整體	眞理的啟示到 天主自我啟示	領洗的數目 到天國
由制度到過程	永恆的眞理到 啟示的歷史	提供結論到途徑
由客觀科學到 認識論	客觀的學科到 認識的過程	系統的教義到 生命的、個人的經驗
由結構到網	結構到網	結構的改變到 基督內一切再連繫一起
精確的眞理到 近似的描寫 由和實證科學的 對立到整合、全方位 的視域全息的宇宙觀 （Holographic Universe）	清楚的形式到 神的奧祕量子神學 （Quantum Theology） 同時性的律動 Synchronicity： God chooses to remain anonymous	理論的命題到 生活與天主的奧祕 相遇整體的科學 （Science of Holism） 到成聖 （Holiness）

圖五十一　方濟宇宙生態靈修的省思

第九章

當真理碰上愚蠢

When Truth meets Foolishness

對亞西西方濟的省思

天下之至柔，馳騁天下之至堅（石頭與水的對話）

亞西西聖方濟的「愚蠢和平凡」生活選擇至今仍是令許多人所欽羨，一方面看似簡單，但真要活出來又何其難啊！歷史上，當偉大的先見者（seers）出現時，他們的生活常會困擾其他人，因為他們似乎改變了一般人的規矩，以不同的角度來尋找喜樂，在最料想不到的地方尋找愛。我們常羨慕那些曾經看過並經驗過最圓滿的愛的人。但我們通常花了好幾世紀才重新發現我們的包袱，並盲目的追逐他們。生於一一八二年到一二二六年的方濟就是這樣的先見者，八百年來吸引了多少人，而讓人難忘的是他所活出的那小小生命，他的美和他的洞見，至今仍然在「傷」我們。

除了耶穌以外，在歷史上，方濟算是最被津津樂道的非聖經人物，英國天主教徒作家卻斯特頓（G.K. Chesterton）稱他為「真誠的世界民主鬥士」、及「第一位人道主義英雄」，列寧（Lenin）及英國藝術史學家克拉克（Kenneth Clark）稱他為歐洲最偉大的宗教天才。他在世時已經非常有吸引力！也許這就是當真理和愚蠢站在一起時，有著令人無法抗拒的吸引力！

據說，有一天當方濟從森林祈禱回來時，馬賽歐弟兄看見方濟，就半開他玩笑地說：「為什麼要跟隨你？為什麼要跟隨你？為什麼要跟隨你？為什麼全世界似乎都在跟隨你？每一個人似乎都在看你、聽你並服從你？你不是一個英俊的男人，也不是偉大的學者或智者，不是一位高貴人士，為什麼全世界都在跟著你跑？」

方濟聽了以後就轉過頭來，以最大的熱誠對馬賽歐弟兄說：「你想知道為什麼要跟隨我嗎？你真的想知道為什麼每一個人都在追隨我嗎？因為我可以看到沒有其他罪人比我還多邪惡與缺陷。天主為了完成祂的工程，在世上找不到比我更平凡的受造物，所以祂選擇了我——世上的愚鈍者。因為『真正的力量是一直隱藏在軟弱中』」。

方濟的出發點是完全徹底的真理，他徹夜祈禱的內容只是「天主，你是誰？我

圖五十二　方濟擁抱痲瘋病人

是誰？」他不斷重複祈禱，而答案就是這句話。他知道自己殘缺不全，也將永遠完全不了，他描繪自己的皈依時刻是在他擁抱一個醜陋、奇臭無比的癩病人時（參見圖五十二），所以他在真理內的旅程是始於當他能夠接受癩病人是他自己的一部分時。他花費了大部分餘生，直言無諱地宣揚這真理，但事實上他不只在宣揚它，也很深地接受自己的限度、邪惡的威力，並以最大的容受度承受它。這就是他的五傷！除了愛以外，他不要有任何的東西保護，因此他常嗟嘆：「愛不被愛！愛不被愛！」這就是「愚蠢的」方濟碰到真理時的奧妙。

為方濟，福音真福八端所說這句話『貧窮的人是有福的，因為天國是他們的』，有很深刻的領會，因為在方濟不僅是要貧窮的，還必須有愛情，所以他與他所愛的貧窮夫人結婚。方濟深深體會在安全感的頂端是沒有生命的，貧窮的人是有福的，因為貧窮的人不貪心、不執著、常是知足的。他自己是富商的兒子，當時，他看到教會受到誘惑而掉進一種精神的物質主義（spiritual materialism），尤其是幻想（活在不實的幻想），以為是為了天主及天主的緣故，但卻陷入物質上的貪求……。

羅爾神父說：「當我想到方濟的生活時，讓我聯想到在德國的一個小村莊，遇到一個貧窮的路德會牧師和他的夫人。當牧師暫時離開房間時，牧師的夫人談到自己的丈夫時，總是以極大的愛和尊敬的態度，雖然她丈夫對福音的徹底投身帶給她極大的痛苦和剝奪，但在牧師再度回房時，她嚴肅又驕傲地輕聲告訴我：『**他使貧窮燦爛輝煌！而這光輝點亮每件東西！**』[1]（所以，方濟並沒有黑暗的苦行，而是熱情和有點美感的義大利人，他沒有把貧窮等於不雅、懶散……。」[2]

方濟跳進看似傻瓜的旅程，但卻在這樣的路上遇見了基督。若我們也像方濟一樣打開心門，赤裸裸地跟隨耶穌的腳印，我們一定也會像祂一樣因愛而受苦致死。所謂愛就是要變成易受傷害的，脆弱的。如果我們真正愛，我們的心一定會受傷或破碎的。其實，我們的心態就是我們的主人。

方濟的許多見證人告訴我們，有時方濟太充滿喜樂，以至於「他從地上拾起一根棍子，用一根細線使它微彎，接著放在他的左手臂，在上面比劃，就好像在彈奏小提琴一樣，他一邊彈奏著，一邊在口裡頌唱關於主的歌，這令人心醉神迷的全然喜樂，常滿溢著淚水，並且溶化在憐憫與慈悲中。」所以大家都叫他是「主的吟遊詩人」。（參見圖五十三）

方濟為了和他的團體分享這屬心的智慧，我們看到在那些最常被引述的故事中，有一篇以良弟兄之名的完美喜樂的對話：有一個冬天，當他和良弟兄走在從亞西西到佩魯賈（Perugia）的路上時，方濟在刺骨的寒風中五次叫喊良弟兄，每次

1. He makes being poor look brilliant! And like brilliance, lifts up everything.
2. Richard Rohr, *Near Occasions of Grace,* (N.Y.: Orbis, 1993), pp.80~85.

圖五十三　主的吟遊詩人方濟

都告訴他什麼不是完美喜樂：「良弟兄，就算一個小兄弟能使瞎子復明、治好癱子、驅趕邪魔、使聾子聽見、跛子行走、啞吧說話、使一個死去四天的人復生，請寫下，這些都不是完美喜樂。」他繼續列舉不同的成就，甚至是精神性的喜樂，然後，在他們走了二哩路之後，良弟兄驚異地問他：「那麼，父親，我以天主之名，請求您告訴我，那裡可以找到完美喜樂呢？」

方濟回答說：「當我們渾身被雨淋得像落湯雞，又飢又冷，還滿是泥濘地來到寶尊堂（Portiuncula）③，敲敲弟兄的門，看門的弟兄生氣地前來並且說：『是誰？』然後，我們說：『我們是你的兩位弟兄。』他反駁我們，說：『你們說的不是真的，快滾吧！』他拒絕為我們開門，任我們在雨雪中站在門外，飢寒交迫地直到夜晚。若我們能完全忍受這樣的羞辱，耐心地面對粗魯的拒絕，沒有任何激動與抱怨，並且如果我們能反應出謙卑與深情，讓那位看門的弟兄真正地認識我們，我的良弟兄，請寫下，完美喜樂將在那兒現身。並且如果我們繼續敲門，那位看門的弟兄回來，用詛咒和老拳驅趕我們，而我們能耐心地忍受，在我們心中以喜樂和愛接受這些羞辱；我的良弟兄，請寫下，這就是完美的喜樂！現在讓我們總結說：在這一切之上，基督給他的朋友聖神的恩寵與禮物，能戰勝自己，並且為了基督的愛，願意忍受痛苦、羞辱、丟臉，以及艱難。」

3. 這座小教堂位於亞西西城南四公里的野地，始建於十世紀，後經方濟和夥伴們親手整修。今日存在於亞西西的天使之后大殿之內，保留著聖方濟在世的樣貌。

因此，方濟只知道像基督一樣，不斷的去愛，他常哭泣「愛不為人所愛」。

方濟活出福音的方式：他要成為貧窮的，因為耶穌是貧窮的，他知道《聖經》的許諾是為窮人的。福音只能講給窮人聽，因為只有他們有自由去聆聽，不會為了自己的目的而扭曲主意。除了愛，他不要有任何的東西保護。這是聖方濟選擇跳進一個愚蠢者的旅程。我們大部分的人都想成為「某某人」（somebody），但方濟知道，真理是我們是微小不足道（nobody）的人。

如今，方濟被封為生態主保；而東方的老子說：「天下之至柔，馳騁天下之至堅」，使我想起方濟和萬物的對話，他稱一切受造物為兄弟姊妹（譬如在〈太陽歌〉中），也以類比方式，寫下石頭兄弟與水姊妹的對話，好似在五千年前中國的老子和義大利的方濟在超越時空中相遇了！（參見圖五十四）

石頭兄弟與水姊妹的對話：

水姊妹：我從千里而來，只為了問候你及觸摸你。

石頭兄弟：此刻你已遠去，越過了幾重山，

而我仍立於水流的中央，

試著回憶妳溫柔碰觸的時刻。

THE MOST SOFT Water
runs over the most hard stone

圖五十四　天下之至柔，馳騁天下之至堅（老子）

水姊妹：我曾是一朵雲，也曾化為雲霧，現今我成為河流，
不停地流啊流，流過大地之母，
她將我帶回汪洋的大海。
石頭兄弟：妳是如此溫和、輕柔、純淨、謙卑，讓我不能抓住妳，
只能用我的雙手，輕柔謹慎地捧著妳。
水心如人心，讓每顆眼淚都受珍惜，
每個憤怒都被理解，每雙友善的手都被接納。
隨著妳的堅持與輕柔碰觸，妳成為我這顆頑石的雕刀。

水姊妹：當我從峭壁上躍下時，幸得你保護我免於傷人，
你是我日夜的溫床。

石頭兄弟：當妳從峭壁上躍下時，充滿了生命和能量，
妳的美麗羨煞許多人，
由於妳的溫柔碰觸及透明，
淨化了我的陰影與複雜，
經常洗淨了我的污穢，使我變為明亮與美麗，

甚至我的傷痕也得到治癒。妳是多麼奇妙！
妳擁抱大地，並滲入全宇宙的每個分子。

從石頭和水的對話，使我想起「我們就像被沖上海灘的小石頭。當我們上岸時，都是粗糙、有稜有角的。然後，人生的浪潮滾滾而來。如果我們有力氣留下來，與岸上的其他石頭摩擦與碰撞，我們鋒利的稜角就有機會一次又一次、慢慢地被磨掉，然後變得圓潤光滑，還會反光，開始閃閃發亮。」④

當代有些人把科學當作萬靈丹，使人很容易把它的重要性超越對智慧的追尋。心靈的道路是非常不同的，因為它處理的是知識和無知，快樂和痛苦背後的原理。科學只承認可用具體或數學方式證明的事物，而心靈的道路是內在於人的信心與愛⑤。我覺得可喜的是，今日的科學也發現宗教靈性幅度的可能性，而這兩者，即科學與宗教是可以整合的，甚至科學發現天主的工程遠在人類有認知之前就已存在。

德日進神父告訴我們：「僅僅了解世界的知識是不夠的，你必須看它、觸摸它、活在它的臨在中，暢飲那在實相之心所提供的活水。」⑥其實，宇宙的心和我的心是同一個。我愈來愈意識到只有一個聖神，是全人類的呼吸，是整個宇宙大自然的氣息，透過這個氣息，在舞蹈、遊戲、音樂、藝術、自然、祈禱和各種活動

4. 比約恩・納提科・林德布勞、卡洛琳・班克勒、納維德・莫迪里等著，郭騰堅譯，《我可能錯了》，先覺出版社，2023
5. Jean-Francois Revel and Mathieu Ricard 著，賴聲川譯，《僧侶與哲學家》（台北：先覺，1999），p.289~294.
6. Teilhard de Chardin, The Heart of Matter (A Helen and Kurt Wolf Book, Harcourt Brace Jovanovich, New York and London, 1979), p. 70.

中，推動我們的創造力。德日進神父說過：「精神和物質是不可分的實體，既然它們內在地編織在一起，有如宇宙地毯的線編織在一起。」其實，自然之道就是神聖的運行；我們生活在神聖的氛圍中，宇宙中的一切都是親密地連繫、聚集在一起。

根據艾克哈的說法，在我們理性的微弱光中，天主誕生於大部分人心靈的最親密深處。天主聖言曾經透過瑪利亞的肉身誕生，如今祂要透過聖神誕生在渴望聖神的人身上。德國的弗里茨・阿諾（Fritz Arnold, SM）神父曾說，如果基督曾在白冷⑦誕生過一千次，卻不是在我們內誕生，我們將永遠迷失。我們每一個人應該像瑪利亞一樣，在我們的時代和歷史中誕生天主。他又說永恆的聖言在時間尚未開始以前就已降生；歷史上的耶穌在兩千多年前從納匝肋的瑪利亞誕生，如今是要在我們的心靈深處誕生，但這樣的誕生唯有在我們的內在完全的空虛時才會發生。

這意味著我們的心靈深處必須受到淨化，而這種淨化常是進入痛苦、黑暗並謙卑的捨棄過程。而艾克哈形容這種黑暗就是願意去包容接納的容受性。弗里茨・阿諾神父又說，一個具有瑪利亞面貌的教會願景是：不知道擺在眼前問題的答案，無法事先搜尋，會經歷懷疑、不安、黑暗和孤獨，這是「信賴」所要付出的代價；實際上，她不生活在城堡裡，而是在簡樸、默觀中總是先聆聽。

我認為「真我」就是基督徒的宇宙基督，並在個人化過程中，我們愈來愈成為

7. 或譯伯利恆。

天主。一個老冶金師對他的徒弟說：「無論你如何和人隔絕，或感到多麼孤獨，如果你能全神貫注地意識到你的工作，連不認識的朋友都會來找你。」⑧波倫更完整、仔細地描述：基督徒的天國願景、東方的道的願景、榮格真我的理念、全息的共時性、人右腦的直覺能知覺整體性、包容對立性、心理學，顯示意識和身體是分開的、量子物理的新實相⋯，這一切都是難以解說、看不見的、有意義的事（something），每個都閃爍不同的優點，包含真理，但也非全部的真理；有如六個盲眼人摸象，在同一個時候，每一個人僅能摸到一部分。其實我們多半不能看到整體，大部分的時候，我們是從不同的層面、不同的角度或向度來談論事情，我們從來無法全然地了解無界、無限及永恆。然而，對於道的實相、或天主、或真我，不論是何種形式，小小的洞察或直覺就能帶來喜悅的核心經驗，因為它滋養我們的心神、治癒我們被分離的隔離感，以及復原我們的靈魂。

我覺得義大利的聖方濟和東方的老子，我們今天來看是一種人神溝通的密契經驗。如今，二十一世紀顯然是密契主義的世紀，不僅在學術上，包括東西方宗教的密契研究如雨後春筍般相繼誕生。更重要的是，愈來愈多現代人在實踐某種形式的密契靈修。他們發現，有一種強大的吸引力彷彿把他們導引進一種深度的意識狀態中，或是經由「**聲音**」的重複，或是經由「**氣息**」的重複，或是經由「**身體**」的律

8. Combs, p. 129.

動，他們的「**靈魂**」上升，進入一種超越思想與理性的純粹境界裡，寧靜地與那「**位**」只能稱為「**神聖**」的他者相逢。

牟敦認為：「東方密契主義所稱的『我』，很可能就是西方密契主義者所稱的『天主』，因為我們會發現靈魂與天主的神祕融合中，他們在精神經驗上，就某種意義來說，變得『無法區分』（雖然就形上學而言，他們是不同的）。而且事實上，東方密契主義者雖然沒有被神學制約，也不傾向於反省這種形上學的區分，但這不代表他們在談及認識最深的自我時，沒經驗到天主的臨在。」⑨

記得：雷煥章神父講過台灣為何有這麼多土地公廟拜福德正神，而且香火很盛，為什麼呢？神父說：據說在古代周朝的皇帝有一位忠臣犯了一個錯誤，皇帝就把他放逐到遙遠的北方，這位犯過的忠臣知道這一去就是回不來了，不敢告訴他唯一的女兒，所以他就請求他自己的忠僕照顧她的女兒。但她的女兒一直等不到爸爸回來就吵著要僕人帶她去找父親，最後這位僕人不得以只好帶著她，騎一匹馬往北方去；走了好幾個月，路上遇見暴風雪等等，結果有一天她在雪地中醒了過來，身上蓋了這位僕人的大氅外套，而這位僕人卻凍死在她身旁，瞬間當她揚首看天時，有一句話出現在她眼前：「福德正神」，後來她就為這位為她而犧牲自己的僕人蓋了一個小廟為紀念他的忠僕，上面就寫著：「福德正神」。這廟宇一直流傳到今

9. 牟敦著，劉宏信譯，《隱修士牟敦悟禪》（台北：啟示，2004），41頁。

天，雖然所有去這廟上香的人已經不知道這故事了。但奇怪的是，很多台灣人都很愛去這種廟拜拜，似乎很靈；台灣幾乎每個角落都有這小廟。為我，感動的是這位忠心的僕人犧牲自己的性命為他主人的女兒；這不就是耶穌說的，再也沒有比為別人犧牲自己的性命更偉大的愛嗎？這位僕人從沒聽過福音，但確實活出了普世的真正價值了。我相信人類史上還有很多諸如此類的感人故事，他們的善良是來自哪裡呢？

當我們沒有碰觸到我們內在的寧靜時，我們也會失去與自己接觸。當我們失去接觸到自己時，我們在這世界中失去了自己。我感到我最內在的自我，是無法與寧靜分開的。寧靜是我的自然本質，因為有比我的名字與形式更深的「我是」。例如，當我注視一棵樹並覺知它的寧靜時，我就會感受到與樹合而為一，我就會成為寧靜的。真智慧會自然靜靜的運作，在這寧靜之處會發現我的創造力和問題的解決。智慧是人類此刻最需要的，而智慧是來自寧靜的能力。

我們很容易迷失在思想裡，大部分的人花費他們一輩子的生命在他們自己思想的囚牢裡。在我們個人內其實有一個比思想更深的意識幅度，「它」是我之所是的「本質」，「現在、覺醒、沒受限的意識」，這就是我們內在基督的本性。不要把自己的思想看的太嚴肅，我們很容易陷入我們觀念的監獄中。我們是一個統一的整體，一切的東西都是彼此織成，沒有一樣東西是可獨自存有的，思想分裂事實，它切割事實成片段的點子觀念。

智慧不是思想的產物，是深度的認知，是透過一個單純的行為而全神專注的給予某人或某事所引發的智慧。專注是首要的智慧，大於意識本身；它會融解由觀念思想所造成的圍籬，因而會認出沒有一樣東西是「自有存在的」而是靠著知覺者與受知者在統一的覺察領域中結合的。「它」也是分裂的治癒（療）者。

此刻的我，深深覺得宇宙是我身體的延伸，老子、聖方濟以及諸多我很喜愛的人，不管是已亡或是仍活在世的都與我同在，並與宇宙的主同在。

植根於天主無限的慈悲，
我是天主氛圍內的呼吸，
天主森林內的一片樹葉，
在參與編織宇宙生命之網裡，
我成為祂的一縷氣息。

（改寫自紀伯倫〔Kahlil Gibran〕）

圖五十五

（Sr. Maria Van Galen, fmm 作品）

第四部分
對今日信仰生態共感的省思
The Reflections on Today's Echo of Ecological Faith

第十章

這世界需要什麼？

What the World needs？

對今日信仰生態共感的省思

The Reflections on Today's Echo of Ecological Faith

二十一世紀，我們人類的世界需要什麼呢？最近有人說，我們實在不需要有更多的企業家，也不需要更多高科技的突破，而是更需要一個真正好的，有新的視野，寬、廣、高、深度的領導。因為國際社會正面臨，過去幾個世紀以來為我們服務的經濟、政治、文化和宗教結構／制度上的崩潰，而現在這些結構／制度已成為問題所在。正是這些原是幫助發展市場資本主義的架構，以為會使許多社會擺脫貧困，造就很多人有成就感，並自豪自己的價值觀和信念，尤其是網路的發揮似乎超過人所能消化的境地。這些原以為很好的價值觀已被發揮到了極致，結果使我們的夢想破碎，這種思維也使我們陷入毀滅物種的地步。如何有新思維，新意識，新架構可來整合全球國際的網絡的新世界呢？如今，已有很多事的發生，真真假假都已混亂我們的視聽了。原本有血有肉的人已快要被「機器」人替代了。

人到底是何物？孟子說，人性本善，盡心、知性、知天矣！仁也者，人也，仁者愛人。然而好像只有人會焦慮生老病死，會有各種思考，想改變自己、生態或環境等等。人幾乎認為自己是世界的主宰，想盡各種方式試圖去改變世界，原意是為使人過得更幸福，但人有過得更幸福嗎？如今除了我們人腦的新發現，科技世界去也衝擊了整個世界的結構和生活模式了，虛擬的世界，AI等機器人的無限擴張，不知不覺這些機器人世界快占據了人的生活，我們一方面似乎有更好，更快速或舒適的生活，但年輕人似乎活在虛擬世界多過實體的世界了？人和人的相處，合作關係越來越難了，人最需要愛和被愛的人際關係，基本需求已成為困難的，所以人的孤獨感，恐懼感越來越不可收拾。

最近看到一則蠻熱門的新聞：

「人工智慧之父辛頓（Geoffrey Hinton）辭去Google職務」，表示對AI未來發展感到憂心。Google的AI負責人狄恩（Jeff Dean）表達了對辛頓的感謝，並提到說：「身為率先發布AI原則的公司之一，我們仍致力對AI採取負責任的態度。」

「我們在大膽創新的同時，也不斷發現新冒出來的風險。」辛頓指出，科技巨擘間的競爭，促使這些公司以危險的速度發布新的AI科技，危及人們的就業機會，也可能會散布錯誤的資訊。辛頓認為這些系統在某些方面，正在超越人類的智慧，因為它們分析的數據資料量很龐大，說不定這些系統其實已經比人腦更強。雖然AI已被用來支援人類的工作所需，但像ChatGPT 這樣的聊天機器人快速發展，可能會讓人類的飯碗不保。辛頓還警告說，「AI可能散布錯誤的訊息，一般人將再也無法知道什麼是真的。AI領域的進步對社會和人類構成極大的風險。很難看出要怎麼預防壞人用它（AI）來做壞事。」AI的無限擴展真是值得再三省思。

很多政府視經濟的發展是我們生活和教育的目標；大部分年輕人似乎也只掛慮眼前如何賺更多錢，過更舒適又在虛擬的世界中。想為理想奮鬥的年輕人似乎不多了。由於科技網路的快速發展，實際的人際關係顯得更脆弱了。此外世界上窮的人仍然越來越窮，甚至餓死的人也越來越多，尤其是小孩。而富有的人，幾乎天天都想如何賺更多錢、投資、焦慮股票下跌等等。但這樣的發展，分裂了人的理性、情感和靈性的統整，也帶來了大自然的汙染、剝削和環境生態的破壞。人在生態上的復原力似乎也越來越弱了。還有很多的人在戰爭中受苦、受飢餓，以及失業的困境中，也越來越多的人對生命的意義質疑，並感到心靈空虛。商場、媒體的廣告使我

圖五十六　擁抱虛擬世界

們似乎被我們的需要給催眠了，使人覺得需要某些東西才能生活快樂。消費主義其實就像是一個監獄，它的圍牆就是到處可見的廣告，這圍牆使我們疏離了自然宇宙的核心意義，因為一切原是自然的，也變成了商業利益。我們生活在虛擬世界中嗎？（參見圖五十六）

我們容易把自己想像成孤島（個人主義）：各自獨立運作，並相信一個糧倉中發生的事情對任何其他糧倉中發生的事情都沒有影響。量子物理學向我們表明，我們不是孤島。我們不是孤立的個人、公司或國家，在開展業務時不會對任何人或其他任何事情產生影響。相反，我們是一個相互聯繫的生命網路。這個世界有一種我們似乎視而不見的生活品質，如果我們要解決我們面臨的崩潰，我們需要意識到這一點。否則，我們只為自己的利益服務，囤積資源，蹂躪地球，互相替罪羊，殺戮，致殘，折磨，造成什麼樣的後果呢？

全球氣候危機證明了孤島思維的現實，滲透到我們所有的機構裡，是如何造成我們現在面臨的那種破壞的。我們不能回去。我們需要向前邁進。我們都是相互聯繫的。現在我們處於危機模式，東西方世界不管是向來被認為是有價值的領導者，如美國、歐洲、甚至後來崛起的中國等都已經開始看出他們的威力價值了。其實，我們真需要變革型領導者才會重新承諾為共同利益共同努力。

牟敦神父曾在肯塔基州的路易斯維爾的第四街角經歷：他突然意識到他愛這些人，他們是我的，我是他們的，即使我們是完全陌生的人，我們也不能彼此陌生。牟敦就像從一個分離的夢中醒來，從一個虛假的世界中自我隔離……他說，要是每個人都能意識到這一點就好了！但這經驗無法解釋。他沒有辦法告訴別人：他們都像太陽一樣閃閃發光。……要是他們都能看到自己的真實面目就好了。要是我們能一直這樣相見就好了。不會再有戰爭，不會再有仇恨，不會再有殘忍，不會再有貪婪了。

那些幾個世紀以來在文化、性別和種族享有特權的人是否與那些被遺忘的人進行了真正的對話，或者仍無視這些人的痛苦？嚴重依賴石化燃料的工業化世界是否繼續選擇利潤而不是承認其在氣候危機中的作用？或者，我們作為一個全球社會是否對可再生和可持續形式的能源做出承諾，以便我們能夠努力減少全球氣候危機日益增長的影響？

多年前聽過一個故事：有一艘巨大的「各種慈善事業」的船艦，裡面有各種宗教的慈善機構，都做得很好。有一天一個小男孩來告訴這機構的負責人說，這船底下有個漏洞，水開始滲進來了，但沒有一個機構的主管開始注意它，因為每個人都很忙，無暇管別的事了。結果這破洞越來越大，到大家開始意識到事態嚴重時已太晚了，結果這艘船沉了。

我們的世界也有類似的狀況，大家都很忙很累，都很盡心盡力，問題是每一個人都從自己的觀點或角度來看事情和做事情，而我們多少都有自己的盲點，看不到，也沒經驗過很多事。除非我們有全方位或「全息的」（holographic）視野，我們是看不見「真相」的，因此也不能有全然的了解。

在量子世界裡，我們不能只專精一門學問，而是要多方連結，年輕的學生若不懂多方連結或跨越多種領域的能力，是很難找到工作的，所謂博學，是要多方的建立或連結關係的。很多大學生都必須要選輔系或雙修等是為了將來好找工作，只專精一個系常沒出路。這幾年整個世界的系統制度都面臨解構的階段，所謂教育更是大議題了。填鴨式的學習已不再是重點，教育若沒有啟發人的靈性，生命仍是僵化的，如何教育一個人成為有創新型的學習（Generative learning）態度實在是更核心的。真正的學問，是由自己的內在創生的，悟出來的，而不是從外在添進去的。過去的教育，老師具有龐大的權威，但今天很多學校，是學生要評估老師呢！有不少年輕人告訴我，害怕或不要當老師，因為太難應付今天的學生了。看過有個教師節得師鐸獎的微電影《從聽話到對話》①，覺得很有意思的，主要表達教育中師生的關係不只是透過「聽話」，其實是對話更有影響力：在對話中產生新的領悟和動力。

我們的社會已達到人類與科技融合的轉捩點，因為電腦正在影響人腦；雖然人腦是由數百億互相傳遞訊息的神經元組成，但網際網路是由數十億部電腦組成，電腦則透過人腦是互相連接；人類與電腦開始產生連結，是人類建構電腦，影響電腦。然而，現在卻變成電腦在影響人腦。我們已不知不覺成為以電腦在行事，似乎成為「電腦」非人腦。人的行為思考模式已成為機器人的方式而沒有真正人的愛、心的關係。包括COVID-19疫情的發生，無疑使我們直接面對所有人之間的聯繫，

1. 台灣教育部國教署以獲得2019年師鐸獎培英國中鄭雅之老師為主角製作的微電影，於2022年教師節播放。

也讓政府、醫生、護理師等束手無策。

電腦科技使人的生命成長過程是靠設計出來的，譬如：為了有孩子，找人工銀行買精子；母親從懷孕就有做月子中心或做月子村來幫助孕婦生活，孕婦中心有一套設計孕婦要如何吃，或孩子如何生出來。由坐月子中心，來教你如何給孩子餵奶，幾個月要喝什麼品牌的奶，幾個鐘頭餵一次，嬰兒的哭聲不甚受重視，母親一天抱嬰兒的時間也不多，所以很可悲的是，人從出生就被科技的設計生活，出生後也有嬰兒中心設計好的一套育嬰方式，和母親或父親接觸方式規定好的，幾個鐘頭餵奶也是規定的……做為父母本然的天性幾乎被剝奪，父母不想花時間抱嬰兒或建立關係，我看到母親不想小嬰孩煩擾她看手機，就給這大約一或二歲坐在娃娃車上的幼兒玩手機看動畫等等。想想看，這樣的嬰孩長大會成什麼樣子呢？我們大部分的人養成的生活習慣是不自覺的，一旦成習性，那就很難改了。有位神父曾經說，人即便死了，他的「習慣」過三天仍未死。我們大部分的人已有某種生活習慣或思維模式（mental model）。不是理性（頭腦）說要改就會發生的。這就是從腦到心是人生命中最遠的路程，除非從心改變，或碰到痛苦、挫折，非死不可……人大概至死都無法改變已養成的習性。

還有，人的大腦就像電腦的硬碟，我們天天編輯數十億個Cookie，從手機、手錶（可量一天走多少步，自量血壓等等……）、社群媒體、電視以及科技替我們量身訂做的健身課表，當然還有工作的電腦等，但人的情感是不能設計的吧！出問題的常是情緒情感的糾結「故障」！我們多時用人腦就像電腦，累積太多檔案就會當機，得每天清理垃圾，或重新啟動大腦，才能繼續工作等。人腦需要停頓，休息，換換主題或空氣，不然會腦筋故障。譬如說睡好覺極其重要，不然會瘋掉。我們是一種有能量的生物，藉由右半腦的意識相互連結，形成人類的大家庭，所謂的四海之內皆兄弟姐妹。

有不少的人已退休，有錢、也有閒，可去全世界旅遊或做些自己想做的事，可是下一代很多青年人就似乎沒有可能靠自己能有這種生活了，除非靠爸媽族。很多年輕人失業或找不到工作，甚或生活在各種壓力下，活得並不快樂。驚訝的是，聽到不少年輕人，甚至在結婚時就決定不要生小孩，理由是養不起或……。而這些所謂物質環境較好的年輕人常容易患憂鬱症，甚或自殺等等。富裕的年長者常考慮如何有個舒適的安養場所，但也有不少較富裕的老人住在很好、表面看很舒適的安養院，有外勞陪著，但親人很少來看他們，以致他們過得相當孤獨的生活，最後和他最親近的人常常是外勞了。也有年輕人已開始擔憂，將來他們一個小家庭要照顧四個年長者等問題。

「回顧這百年來，世代真的越來越有差距，從沉默世代（Silent Generation）：一九二七－一九四五，只要乖乖聽話就好，親情穩固……到嬰兒潮世代（Baby Boomers）：一九四六－一九六四，（台灣）是實踐『美國夢』，一窩蜂留美，或去美國打工等。而X世代（Generation X）：一九六五－一九七六，是鑰匙兒童，家庭結構變了，父母都工作；人開始左右腦並用。到了千禧世代（Millennials），又稱Y世代（Generation Y）：一九七七－一九九六，人開始意識到是人人為我，我也為人人等。到了Z世代（Generation Z）：一九九七－二〇一〇，大都是現在的青少年和青年，開始意識到要跨領域思考，因此較運用全腦生活。這一代青年比父母輩更獨立。」[2]從這世代的演變現象看來，很多價值觀也隨著世代演變現象不同了，文化、語言的表達更是大大變化了。有很多新的表達方式是我這輩的LKK人不懂的。現代的年輕人已覺得不需要請教父母或老師了，他們所依靠的是Mr. Google或Mr. Nvidia或AI、ChatGPT……等等了！

連我們的信仰和現實世界的演變幾乎脫節了，怎樣才是天主對今天人真正的救恩的好消息呢？除非再找到今天的真正普世價值，天地人的宇宙觀亦即「全息宇宙」，拓展我們的身體、心靈、大自然和神靈的關係中，從整體生態、藝術創造和人性關係的宇宙性靈修。這靈修有如一個大生命網，在全球性、地方性和心理社會

2. 參見吉兒・泰勒（Jill Taylor）的《全腦人生》，p.300～301

性的交織中，相互依存，共舞成一體。在今日科學的新發現中，我更深信聖方濟早在十三世紀就已有這生態宇宙性靈修的洞見。教宗方濟各在近幾年發出的訊息更是繼續發揮這樣的動向；《願祢受讚頌》（*Laudato Si*）通諭，《眾位弟兄》（*Fratelli tutti*）通諭，和《同道偕行》（*Synodality*）等，更是闡述這些普世的價值。從和大自然萬物，到四海一家，到共同攜手合作走這朝聖之途。

差異是一種財富

教宗最近新任命的美國樞機主教阿吉亞爾（Américo Aguiar）③，在里斯本世界青年日接受採訪時說：「我們根本不想讓年輕人皈依基督或天主教會或類似的東西，因為世界青年日的目的是讓年輕人一起旅行，尊重他們的多樣性，讓每個年輕人都能說：我的想法不同，我的感受不同，我以不同的方式組織我的生活，但我們是兄弟姊妹（*Fratelli tutti*），我們要一起建設未來，又說我們希望一個年輕的天主教基督徒能說出自己是誰並為自己的信仰做見證，或者是一個年輕的伊斯蘭教徒，猶太教或其他宗教也都能說出他們自己是誰並見證他們的信仰是沒問題的。對於一個沒有宗教信仰的年輕人也能感到受歡迎，而不會因思考方式的不同而感到奇怪。主教強調重要的是我們都明白，「**差異是一種財富**」，如果我們能夠使所有年

3. 葡萄牙樞機，里斯本輔理主教，2023年世界青年日籌備委員會主席。

輕人都了解到我們都是兄弟姊妹，那麼世界就會變得更好了④。可見今天的信仰生態共感重點已不是要改變別人宗教信仰，而是在這旅程中彼此尊重共同合作為促進全人類的福祉。

我們今天的世界除了要有一個嶄新的集體領導，更要我們面對目前最深的問題：人的整合，包括男性／女性；身體／靈魂／精神等的和諧、平安、並在希望中度更人性化的生活。促進世界各國間的和平、平安，更人性化與休戚相關並促進與不同宗教間的和諧；在良心中與他們共負職責、有如手足般一起尋找、同時尊敬各傳統的智慧、以開放的心在和諧中交談，以達新的深度。真正的和平、正義、人權、生態等挑戰會繼續伴隨我們，向我們發出挑戰，批判我們的自滿，特別是宗教的用語、信條。教宗在去年的聖誕特別強調對和平的饑渴。我們的政治其實脫離不了「人性」。事實上，人的生活大部分是靠養成的習性運作的，記得雷煥章神父（雷公）曾說，人既便死了，他／她的習慣三天後仍不會死的。可見人一但養成某種習慣，要改變不是容易的了。有人說，樹的長相，由風來決定，人的命運，由習慣來決定。

真正在處理人性問題的，其實是宗教，但我們都是生活在某種政治範疇中，而政治常是扮演較陽剛的角色（行政管理，公共秩序和共同權益等等），宗教則顯得

4. From Catholic news agency, Walter Sanchez Silva, Natalia Zimbrão ,ACI Prensa Staff,Jul 10, 2023

是社會的陰柔面（凝聚力或反抗力）等。說穿了，宗教其實最後是引導人如何做真正的人，這樣最終才成為「神」。那麼要如何來處理人性呢？其實一個人心中若沒有神，是不會想要去朝拜外面的神，不會感到被吸引的，所以真正的福傳是傳神，是首先培養人有一顆宗教的心靈。在宗教心靈裡，沒有聖凡之分的，每一件事都是聖的，包括我們的身體，因為它是聖靈之宮殿。

變革型（transformational）領導

我們現今的世界需要變革型（transformational）領導，而不是那些假裝我們可以回到過去輝煌的歷史而助長日益崩潰的領導者。我們的未來需要變革型領導力，能夠喚起在這個高度個人主義和技術複雜的時代出現的新的利他主義意識。科學和神祕主義可能會在這方面為我們提供一些說明。量子物理學最早出現在二十世紀初，無論我們是否注意到它，它都已經滲透到我們的生活中。它顛覆了我們，沉浸其中的經典科學世界觀。這種線型、機械和確定論範式塑造了我們理解和構建經濟、政治、教育、醫療保健等。過去幾個世紀的結果是，我們做事的方式支離破碎，甚至我們相對於「他人」是誰呢？

在保羅．利維（Paul Levy）的《量子啟示錄》（*The Quantum Revelation*）一

書中，我在許多量子思想家，包括之前提及玻姆等理論物理學家和讓・格布瑟（Jean Gebser）等文化哲學家，一直在探索的東西中找到了希望。他們寫了我們所經歷的分裂以及使我們固有的分裂和脫節的思想如何阻止我們為共同利益而共同努力。過去這種糧倉思維正在摧毀這個物種，所以希望能在一種新的意識結構的出現時，可將我們與更大的整體整合在一起。

我們需要「從極端的個人主義過渡到真正的協同社區」。整個地球社區的未來取決於我們能否找到超越我們目前進化軌跡極限的方法。這樣的未來需要變革型領導者在我們身上提出新的方法，在艱難的選擇中解決共同利益。那些幾個世紀以來其文化、性別和種族享有特權的人是否與那些被遺忘的人進行了真正的對話，或者我們還是是否堅定不移地無視這麼多人的痛苦？嚴重依賴石化燃料的工業化世界，是否繼續選擇利潤而不是承認其在氣候危機中的影響？或者，我們作為一個全球社會是否對可再生和可持續形式的能源做出承諾，以便我們能夠努力減少全球氣候危機日益增長的影響？

在聖三內的團體（The Trinitarian Community），要真正的一心一意共享一切⑤並共融和交談，我們永遠不能減少和受排擠團體（人）的交談。交談是人類今天最重要的使命，因為只有透過交談、對話，人類才能互動建立關係和攜手合

5. 請參見《宗徒大事錄》四章32節。

作，但交談的前提是要彼此深度的聆聽。彼此聆聽看似容易，其實是很不容易的。要如何交談才能有創造力呢？真正有深度的交談，一定會有生生不息的新生命理念（new vision）誕生的。

「我們雖然承襲了很多過去教會光榮的史蹟，但背後也有一個犯重大錯誤的教會及福傳歷史。這些錯誤或多或少喪失了整體、末世或信德奧祕的視野。我們掉進（自己的或別人的）意識形態、文化的圈套中，如果現在我們說：『那是那個時代的事。』這是藉口。我們已不再是享特權，或是自信認為擁有一切的真理的基督徒教會團體。聖神邀請我們更深入的復甦我們的生活、使命、神學的根源。這些根源是宇宙性的、是由聖三共融產生的愛、憐憫的力量相銜接的。這是具體而實際的改變，要我們繼續加以分辨。⑥」

信仰的道路是彼此相互轉化的旅程／同道偕行（Synodal journey）

今天的福傳應是一條彼此同道偕行（Synodal journey）相互轉化的旅程，因為我們的福傳需要像其他的人學習的還很多，去發現別人如何投身在利他的事上，以信德去承擔責任及奉獻。我們的一切都是來自內在的能量，不是向外援的，不要問是誰的錯，但要向前看，應如何處理。不要問教會、修會給了我甚麼，而是問自己

6. 參考Nicola Adolf , S.J. 2006年3月 馬尼拉「司鐸進修班」演講摘要

一個有使命人的成長歷程

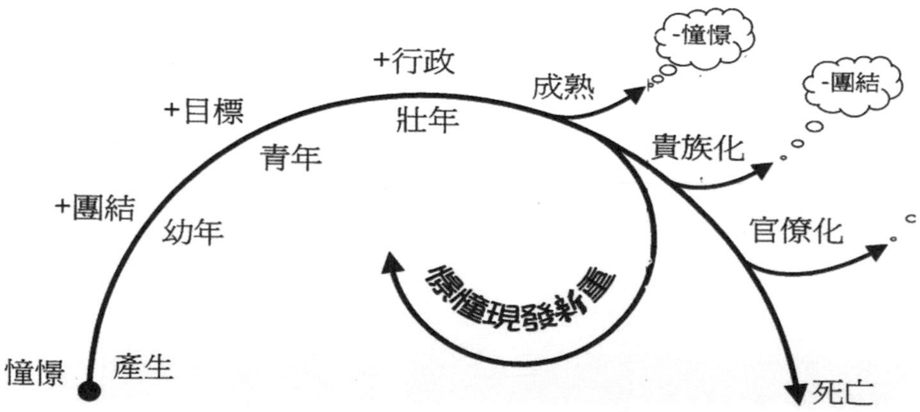

圖五十七

為教會、修會、社會付出了甚麼，要有熱誠，耶穌說：「我來世上為把火投在地上。」問題是我們的事工是否首先關注人們內在的屬靈轉變呢？或者過於關注治理的外部因素、官僚主義、強加的規則和行政管理？而事實上，任何一個有使命感的組織，在起初是充滿憧憬和活力的，在經過成長過程中，人性往往就不知不覺地制度化，僵化，甚至官僚化以至消失……除非有革新……重新發現新的憧憬，否則會死亡，（見圖五十七）。

僵硬的制度化可能帶來某種安全感，但把安全感**放在制度上是錯的，我們基督徒的安全是在十字架上的**；生命的奧祕是：如果我們在身體的死亡以前先死，然後我們才會發現沒有死亡這回事。因為死亡是去除掉一切不是屬於我們的；當我們學會死亡，我們就學會活著。真正的**靜觀祈禱就是心之所至；一切形式只是載心知器而已，非絕對的。真正的體驗是重要的，人只在體驗中認識實像的。**

「要在今天這個俗化的世界中做進一步的福傳的確有其困難，因為我們已不再是享特權，或是自信認為擁有一切的真理的基督徒教會團體。在宗教後俗化（Religion in a Post Secular Society）的過程中，宗教已被拋棄在公共的氛圍外，而成為私下／個人的現象。很多人害怕宗教會被邊緣化，甚或是消失，而俗化世界的一切決定是由所謂的科學來決定。宗教從某個角度已是件私有化（privatization）的事了。

一個後俗化（post-secularism）⑦的社會很清楚的對各種靈修方面的事／活動有種新的興趣，因為他們覺得有需要，但是他們不覺得有必要歸屬於特定的宗教或修會團體。他們覺得救恩的承諾可在任何地方找到。對救恩的觀念開放，對各種不同的光照或領悟嚮往，而這些在科學化的世界中是沒有的。許多人和基督宗教的救恩關係已破裂。那些活在個人靈修中的人常常從不同的宗教傳統中吸取智慧和靈修操練。有如一塊拼布是按個人的需要，興趣和願望拼湊成的。在後俗化社會裡所謂的靈修熱潮（spirituality boom）是走在超越組織性機構性教會的軌道上，所以福傳可在廣告，電影和休閒活動等奧祕的情境中完成，有如從醫藥，健康的領域中促進個人或共同的治癒和身心靈的整合一樣。今天，我們對救恩的渴望轉換到世俗的地方，而不是教會了。

在不會受傷的烏托邦理想社會中（Utopias of Invulnerability），廣告其實是承諾救恩的一個重要趨勢的影響者。廣告設計者往往知道人的身心靈的需求；他們熟悉人的困難和危機情境；也知道如何去滿足人對身心靈的深度渴望治癒，和獲得光照，導致他們設計出一些產品並讓人相信，沒有這些無法生活。而事實上那是一個不存在的地方，是一個不會受傷害的烏托邦理想國。譬如說：最快速度的車子許諾是最安全的，因為傳統音樂和舒適的座椅等使人相信駕駛不會發生事故，但卻沒

7. Post-secularism refers to a range of theories regarding the persistence or resurgence of religious beliefs or practices in the present. The "post-" may refer to after the end of secularism or after the beginning of secularism.

考慮誰駕駛，而這些人往往就是犧牲者……，還有各種迷人香水廣告說會使你更美、更吸人或更快樂等等。

我們發現今日的救恩常發生在「其它地方」（other places）。當我們沒有面對自己的創傷處或軟弱時，就認為救恩的許諾沒實現而感到失望，懷疑和放棄。其實基督徒對救恩，治癒的了解是在「其它地方」的，比如說：救恩是發生在窮人、生病、受苦和頻臨死亡的人中。這裡所謂「其他地方」是指不同於一般所認為救恩的地方和所謂的理想國的地方，例如教會裡，修院內，人們以為是神聖之地等；所謂不同的處所，在此是指，來自於有堅強的理念和它所提供固定方針。這些是真實的地方，有效的地方，是整合在社會裡的，是另類或相反一般觀念的。

我們的福音充滿著天主的臨在；啟示性的，治癒性的，救恩會在意想不到的地方發生的。就如在白冷的馬槽，或是在加爾哥達的十字架上，永遠都無法理解的訊息。天主也在一個赤裸裸、易受傷的新生嬰孩上顯示自己；耶穌受到宗教人士以及政治和法律系統的迫害之苦，以及人性的背叛和天主的「捨棄」等。天主是完全浸潤在易受傷的事實之中的。

那些真正活出基督之道，用心來了解基督救恩奧祕的人，很少是基要派的信仰模式；能知道甚麼是對的，甚麼是錯的，甚麼是好的，甚麼是壞的。其實小小牧羊人能聽到天使歌唱，病人在安息日被治癒，邊緣人、罪人慶祝和天主的和好。那些碰觸或已碰觸過他們自己的傷痕和軟弱的，並同時對天主的救恩懷著希望和信德的人，他們會經驗到那些未曾聽過、未曾看見過的天主臨在。

彼此的轉化是今天的信仰生態的共感，在這過程，我們滲入人的生活時，先知性的精神才能被喚醒過來。經驗到人和宇宙的一體性中參與耶穌的靈修。這樣我們就具體的解開了天主的夢，整個人類和受造物的一體，聆聽天主的聲音，讀出時代的訊號……。在今日世界的城市裡，無家可歸的流浪漢在告訴我關於天國和《生活是甚麼》。在和這些貧苦人建立關係時會引導我們彼此轉化。當我們能傾聽別人時，我們就會用不一樣的方式談論天主。」⑧

耶穌已降生在我們人類和每一個受造物之中。艾哈特在很久以前就警告我們，不要把天主囚禁在固定的形象和文字中，因為「天主是無名氏，關於祂沒有人能清楚知道，也說不清。⑨」那麼，我如何處理與他人的關係呢？我們是否變得較有彈性、放鬆和開放呢？不再把善惡如此分明，因為實際上善中也可能有惡，惡中也有善，減少判斷的心態。

一切善惡的情況是受情境影響的；例如社會的制度，教育的方式等等。二十世紀的諸多偉人幫助我了解，人的行為可以被定斷是惡的，但人不可以。也就是對一

8. 摘譯自UISG, *New Evangelization : A Journey of Mutual Transformation* by Agnes Lanfermann, MMS
9. God is without a name and about him nobody can know anything or explain anything.

切我們所遇見的人開放，並給他們空間，不用各種道德化標準來給人貼標籤。其實，所謂的善人是有過去的，而惡人也是有其未來的，不要定斷任何人。只有天主是真正的審判者。

要在動盪不安及各種疑慮、混亂、痛苦和未知的生活中，重新發現天主，需要發展一個堅強的信念，這要求一顆深刻聆聽的心，尤其聆聽那些未被聽到、未被看見以及未被碰觸的幅度能夠被破除；我們的靈魂因此產生夢和願望的圖像和聲音。因為堅強的信念可以給人一個清楚的身分和歸屬感。譬如：潘霍華（Dietrich Bonhoeffer）⑩牧師，一個基督教神學家和反抗希特勒的行動派者，在坐牢時掙扎不斷的問：「我是誰？」最後結果他的堅強信念就是：「我是祢。」幾天後，這個信念幫助他帶著尊嚴走上被吊死的刑台。另一個中世紀的神祕經驗家梅希特希爾德（Mechthild of Magdeburg）在她的靈修日記上寫著：「生命勝過死亡」，這給了她勇氣一輩子活在窮人當中。在不清楚、混亂和困難的狀況中，信念會提供方向。把焦點放在有理念的潛能上是可以有幫助的。

我們在彌撒聖祭中，是要經驗耶穌的被舉起，被祝福，被擘開，被給予（Taken, Blessed, Broken and Given）；這是耶穌基督一生的歷程，也是基督徒信仰的歷程。感恩祭中真正的祭物並非那塊餅，而是我們自己的具體生活經驗和那最

10. 1906～1945。德國信義宗牧師。1943年3月因刺殺希特勒密謀失敗被捕，在希特勒自盡前21天被處決。

貧窮無能的自己，才能與完全空虛、在小麵餅中的耶穌結合，這才是彌撒的真義所在。

只有在默觀中才可以使堅強的信念帶來對天國觀點的改變。透過默觀，我們才能以天主的觀點來為世界和人服務。「只有默觀是對不真實、不健康的世界做最終極的答覆，無論是金融系統、廣告文化和雜亂未經查證的資訊等，都得在默觀中取得真正的答覆。默觀的操練就是學習真實誠懇和活出充滿愛的生活。這是一個深度的革命（出自羅文．威廉斯〔Dr. Rowan Williams〕[11] at the Synod on New Evangelization[12]）」。我們是受邀懷著愛用長時間注視事實，直到我們在某個時刻覺醒過來，這樣我們才能讓我們所默觀的那位注視我們，邀請我們答覆。愛因斯坦說：『安靜的站著吧！在你前頭的樹和在你旁的樹叢是不會失落的。』

「牟敦說：默觀不是僅僅是『找到』一個清楚的天主的理念，然後侷限他在這理念上有如一個囚犯被禁錮。相反的，默觀是被祂——天主帶領到天主自己的範疇內，在天主的奧祕和自由中。這是一個純潔無瑕的知識，沒有觀念跟理由，只能在極貧窮和純潔下跟隨聖言，無論去哪裡。」[13]

「內在的智慧告訴你，為達到你不知道的那位，你必須走你不知的道路。」如

11. 曾任英國坎特伯里大主教。神學家。
12. 2012年10月間，天主教召開世界主教大會，主題為：新福傳，並邀請其他教會領袖參與。
13. James Finley, Merton's Palace of Nowhere p.16 2003,

果你的祈禱只是千種必須做的事情之一，只停留在生活的表面，你的祈禱是不會碰觸你的。除非你的祈禱成為必要的一件事，你才真的開始祈禱。當你真的全然開始直覺到那微妙的，看來似乎甚麼都沒有的祈禱是一切，你真的開始祈禱。……我在開始時坐下並進入祈禱前失去自我。祈禱的呈現在我們眼前是一種無門的殿宇（palace with no door）。這無門的殿宇和它的道路是沒有門號的。」[14]

「幾年前，有一個人請牟敦分享成功之道，牟敦回答說：『我曾誓許用盡一輩子之力來避免成功，但不巧卻寫過一本暢銷書[15]，當時是我一個不小心，加上天真無知。自此以後，我就非常小心不再重演這樣的事。所以如果我有一個訊息給這時代的人，我一定會說，你可成為任何你喜歡的人，無論是瘋子、酒鬼，或各式各樣的混蛋王八蛋，但要不計一切代價，避免一件事：成功。之後這人沒再理我。』」[16]

若要讓我們的心成為祈禱的地方，就需要發展一個堅強的信念，使我們的心成為一個祈禱之所，因為只有心的轉變才是真正的改變，因為心通過身體、心理、理智、感受、直覺想像和記憶。這是整個人願意去活出愛、寬恕、喜樂和忍耐的果實。真正的改變是成為一個新人，在基督內成為新受造物，而不是僅僅擁有新的一套信念而已。我們要求聖神進入我們的精神裡：一個默觀的人是在成為更徹底完全人性的旅途上的[17]。聖奧斯定說過，在主要的事上要合一，在不重要的事上要給自

14. ibid, p.17
15. 編按，指的是牟敦的名著《七重山》。2023年恰逢出版七十五周年，翻譯成超過十五種語言，全球銷售數百萬冊。
16. James Finley, *Merton's Palace of Nowhere,* p. 57

由，在一切事上要有愛德，這是生活之道吧！

在後俗化的世界裡，我們不要再讓個人主義、父權、匱乏的心理（scarcity mentality）或競爭為我們服務。我們的世界得走出二元的結構：優越／自卑，贏／輸，好／壞以及支配或服從。只有在平等、共融、合作、共時性（synchronicity）、豐富、全面的、互相的、直覺性的認知和愛中生活，才能帶給人類真正的福祉。

羅文．威廉斯在Synod說：「要成為一個完全的人就是要在基督的人性肖像內重新再造。」所以，如果你真正的愛，你就會有創造性；如果你真正愛，你自會找到熱誠，你自會生出忍耐，忍受長期的痛苦；如果你真有愛，你就會感到累，你會付出你的所能而不會自私，你會真心的服務，而不是只是工作；如果你有愛，你也不會浪費時間。你的愛在哪，你的力量就在哪⑱。從福音中可以清楚地看出，對耶穌來說，天主的王權是給人類社會帶來了一個新的現實。所謂傳播天主國度的能力是同道偕行（Synodality）的。教宗本篤十六世的貢獻很大，尤其是神學方面和他真正謙卑的靈修態度，但他的辭職和去世，也是象徵著：以歐洲為主的天主教會正在轉換到以南美洲為主軸的教會了吧！將來會成為亞洲、非洲的嗎？哪天會有真正的大公教會呢？教會需要再次聖神的大火降臨吧！

教宗方濟曾說過，我們的使命不是策略，不是計劃方案，而是來自天主聖神的

17. A contemplative Humanity on the Journey to be Fully Human.
18. Where love goes, energy flows.

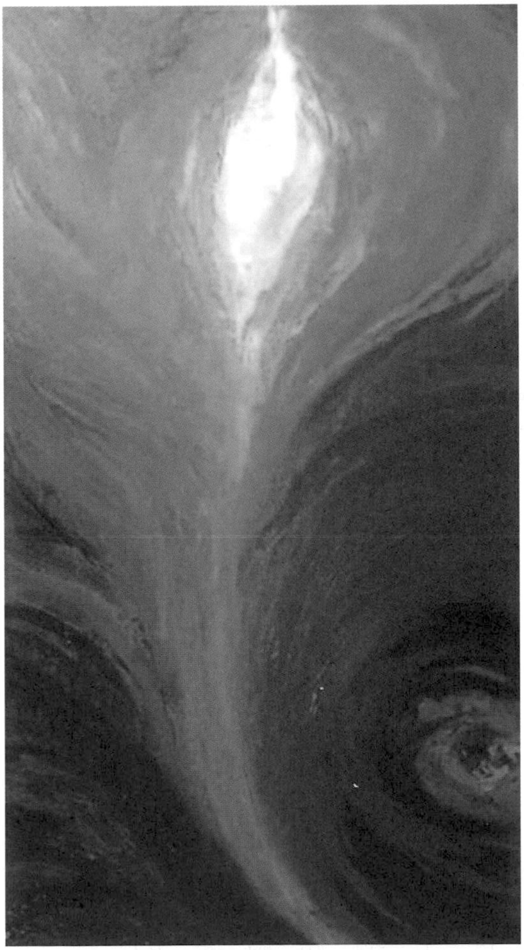

圖五十八　聖神的力量（Sr. Maria Van Galen, fmm作品）

一個禮物。有很多條道路可去天主那裡，就如世上有多少人，就有多少路途一樣，而天主聖神是才是真正的力量。

拉塔基亞的當代東方主教依納爵宗主教曾寫到：天主聖神的力量⑲

若沒有聖神：
天主離我們很遠，
基督停留在過去，
福音是一紙死的文字，
教會只是一個組織，
權威是統治的問題，
使命是宣傳問題，
禮儀只不過是一種召喚，
基督徒過著奴隸道德的生活。

但有了聖神：
隨著天國的誕生之痛

19. Patriarch Ignatius of Latakia, contemporary Eastern Bishop, wrote on: Power of the Holy Spirit

宇宙復活和呻吟
復活的基督在那裡，
福音是生命的力量，
教會展示了三位一體的生活，
權威是一種解放的服務／科學，
使命是五旬節，
禮儀既是紀念／更新又是期待，
人類的行為被神化了。

風往哪裡吹，樹木就往哪裡傾斜，聖神的風在哪呢？今日世界需要充滿聖神、真正會聆聽的領導（參見專欄五，本書三〇六頁），會建立連結整合關係的領導。會帶出創造生命，帶出新的願景的領導，會賦予人活出真生命的領袖。但這些必須經歷考驗的過程，這種考驗有如煉金術，是在一切錯綜複中，仍能堅持自己的價值或理念，以極大的慈悲心和智慧來帶領人的領導，僅僅做一個好僕人是不夠的。我們過著人的生活，而不是機器。如何激發他人內在的創造力和動力，並從自己的內在精神中引導他人去發現自己的內在精神，內在的神性（無私的愛）就是今日領導需要的吧！有如真正的教育是在於你如何喚醒別人的生命／精神是關鍵點。換句話說：如何賦予別人發揮潛能。

所謂人性的極限是神性的開始，而天主／神是無限的慈悲，愛和寬恕的。
就是榮格所謂的「越有人性，越有神性」生命之道吧！

今天的世界需要揭示天主的愛，
我們需要以「更人性化」的方式臨在世界中，
在跨文化交流的生活中和受苦及邊緣人的站在一起。
回歸我們本為一體的世界。

To Reveal God's Love,
be a humanizing presence in the world
among people who suffer
and on the margin,
Living interculturally – One Body

◆專欄五◆

U型理論之創生式聆聽／交談／對話過程

【簡介】

U型理論是由奧圖．夏默（C. Otto Schamer）和彼得．聖吉（Peter Senge）等一小組人共同探討而發展出來的一套理論。他們認為生活在一個體制化失敗的時代，需要嶄新的意識和集體領導能力。他們將東西方的思維和經驗整合，邀請我們一起以全新的視角審視世界，探索過往的領導方式。夏默認為「盲點」是關鍵。透過這U型過程，我們有意識地接近「盲點」，並學會了與「眞實的大我」即知識與靈感最深層的源泉建立連接。這就是「在當下」（presencing）、「感知」（sensing）所經驗到的領悟。

由這[20]U型經驗發展出交談聆聽的過程是創生性的，不是由理性的。因為眞正的傾聽是要有過程的，是U型創生式的（generative listening/Conversation/Dialogue）如下圖表：

20. Theory U: Leading from the Future as It Emerges;
www.ottosharmer.com;
www.theoryu.com

交談的場域（fileds for conversations）

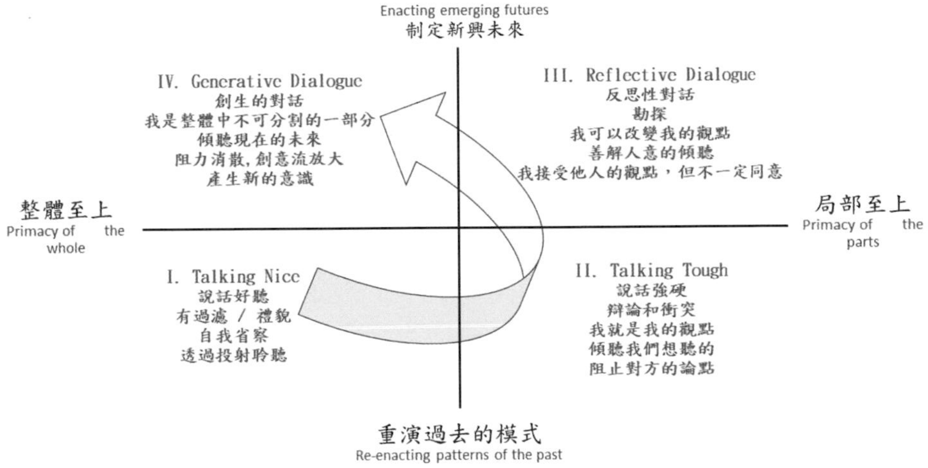

參考書目：

* Berry, Thomas, *The Great Work*, New York: Bell Tower, 1999
* Boff, Leonardo, *Ecology & Liberation*, Maryknoll, New York: Orbis Books, 1995.
* Bolen, Jean Shinoda, *The Tao of Psychology, Synchronicity and the Self*, San Francisco: Harper 1982.
* Briggs, John and Peat, F. David, *Seven Life Lessons of Chaos*, New York: Harper Perennial, 2000.
* Cassou, Michele, *Point Zero, Creativity without Limits*, New York: Tarcher Putnam, 2001.
* Chopra, Deepak, Ageless Body, *Timeless Mind*, New York: Harmony Books, 1993.
* Chopra, Deepak, *Quantum Healing*. New York: Bantam Books, 1989.
* Chopra, Deepak, *The Spontaneous Fulfillment of Desire*, New York: Three Rivers Press, 2003.
* Conlon, James, *At the Edge of Our Longing*, Ottawa: Novalis, Saint Paul

University, 2004.

* Conlon, James, *Geo-Justice: A Preferential Option for the Earth*, Canada: Wood Lake Resource, 1990.
* Conlon, James, *The Sacred Impulse,* New York: A Crossroad Book, 2000.
* Donnelly, Dody H., *Radical Love*. Fremont: Dharma Cloud Publishers, 1984.
* Tolle Eckhart, *The Power of Now* Mumbai, India: Yogi Impressions, 2001.
* Fabel, Arthur and Donald St. John, ed., *Teilhard in the 21st Century,* Maryknoll, New York: Orbis Books, 2003.
* Grey, Mary.C., *Sacred Longings*. Minneapolis: Fortress Press, 2004.
* Hutton, Will and Giddens, Anthony, *On the Edge*: Living with Global Capitalism London: Jonathan Cape, 2000.
* O'Murchu, Diarmuid. *Quantum Theology*, New York: The Crossroad Publishing Company. 1997.
* Rohr, Richard, *Near Occasion of Grace*, Maryknoll, New York: Orbis, 1993.
* Ron Rolheiser OMI, *talks on Sexuality at School of Applied Theology*, Oakland: 2004.
* Swimme, Brian and Berry, Thomas, *The Universe Story*, San Francisco: Harper, 1992.

* Talbot, Michael, *The Holographic Universe,* New York: Harper Perennial, 1992.
* Teilhard de Chardin, *The Heart of Matter*, A Helen and Kurt Wolf Book, Harcourt Brace Jovanovich, New York and London, 1979.
* Wessels, Cletus, *The Holy Web-Church and New Universe Story*, Maryknoll, New York: Orbis Books, 2000.
* James Finley, *Merton's Palace of Nowhere*, Ave Maria Press, Notre Dame, Indiana, 1978
* Scharmer, C. Otto *Addressing the Blind Spot of Our Time.* An executive summary of the new book by Otto Scharmer. Theory U: Leading from the Future as It Emerges; https://www.amazon.com; 2013
* 李碧圓著，《天地人共舞——基督徒談宇宙性靈修》輔大神學叢書79，台北：光啟文化，2007。
* 鄭聖沖編譯，德日進原著，《人的現象》，台北：先知—光啟聯合出版，1972
* 彭宇薰著，《史特拉汶斯基的音樂啟示錄：藝術．文化．跨界觀點》，華滋出版，2016
* 齊偉先主編，《入世、修持與跨界：當代台灣宗教的社會學解讀》，台大出版中心，2022
* 吉兒．泰勒著，李穎琦譯，《全腦人生》，遠見天下文化出版，2022

＊蘇・史都華-史密斯著（Sue Stuart-Smith）朱崇旻譯，《你的心，就讓植物來療癒》，台北市：究竟，2021.4

＊彼得・聖吉（Peter Senge）、奧圖・夏默（C.Otto Schamer），約瑟夫・賈沃斯基（Joseph Jaworski）、貝蒂蘇・佛勞爾絲（Betty Sue Flowers）合著，汪芸譯，《修練的軌跡》（*Presence*），天下文化出版，2006.5

＊比約恩・納提科・林德布勞（Björn Natthiko Lindeblad）等，《我可能錯了》，先覺出版，2023.

插畫：

＊Maria Van Galen, fmm 瑪利亞方濟各傳教修女，藝術靈修畫家，原籍荷蘭，被派去澳洲以畫圖藝術發展靈修多年，深受愛戴。於二〇一四年一月逝世於澳洲。

＊呂雯嵐，旅美畫家，畢業於AAU舊金山藝術大學，畫作曾入選於舊金山迪揚美術館展出，目前旅居北加州矽谷並持續創作。

國家圖書館出版品預行編目資料

越有人性，越有神性 / 李碧圓修女著 . – 初版 . --
臺北市 : 星火文化 , 2024.01
面；　公分 . （Search; 20）

ISBN 978-626-97887-0-5（平裝）
1.CST：天主教；2.CST：靈修

244.93　　112021781

Search 20

越有人性，越有神性

作　　者　李碧圓修女
執行編輯　徐仲秋
封面設計　Neko
內頁排版　Neko
總 編 輯　徐仲秋
出 版 者　星火文化有限公司
地　　址　台北市衡陽路七號八樓
營運統籌　大是文化有限公司
業務企劃　業務經理林裕安 ・ 業務專員馬絮盈
　　　　　行銷企畫徐千晴 ・ 美術編輯林彥君
　　　　　讀者服務專線：（02）2375–7911 分機 122
　　　　　24 小時讀者服務傳真：（02）2375–6999
法律顧問　永然聯合法律事務所
香港發行　豐達出版發行有限公司 Rich Publishing & Distribution Ltd
　　　　　香港柴灣永泰道 70 號柴灣工業城第 2 期 1805 室
　　　　　Unit 1805, Ph. 2, Chai Wan Ind City, 70 Wing Tai Rd,
　　　　　Chai Wan, Hong Kong
　　　　　電話：21726513 傳真：21724355
　　　　　email：cary@subseasy.com.hk
印　　刷　韋懋實業有限公司

2024 年 01 月初版
ISBN 978-626-97887-0-5

Printed in Taiwan
定價／ 400 元